JN174088

ガーデンズシネマ部 編

燦燦舎

gardens' Cinema への言祝(ことほ)ぎ

私は2012年から2013年にかけてガーデンズシネマのホームページに「シネマヴェリテ」という映画エッセイを書いたり、2012年夏に「えいがの時間」という連続レクチャーの講師をしたりした。また、そのおかげでキアロスタミの新作をロハで見せてもらったりしたこともある。が、最近あまり出向いていない。映画館がフィルム上映からデジタル上映に切り替わり、映画館で見ることがDVDで見ることと質的に異ならなくなったと思っていたからである。ところが、重要な違いがまだ残っていることに気づいた。DVDで見るとその映画を見たこと自体を忘れてしまうが映画館はそうではないのだ。この点はトリヴィアルではない。映画を見るという行為は、見た映画を記憶し、想起し、場合によってはそれを人と語るという行為を含んで成立しているからである。想起することによって映画は真に生きられるのである。

鹿児島大学法文学部教授　　柴田健志

鹿児島にマルヤガーデンズシネマがオープンする1カ月前に、私は鹿児島の住人になった。人生の大半を関西の大都市圏で暮らしていた私は、「鹿児島で、何を楽しみに生きればいいのか」と途方にくれていた。そんな私の心のセンサーが、「マルヤガーデンズとガーデンズシネマの誕生」の知らせをキャッチし、天文館呉服町へ足を向けさせた。

そこにあったのは、喧騒とは無縁の地味だけれど上質の心地よい映画空間だった（それはきっと支配人と小町娘やスタッフのせいでもあり、マルヤの7階という場所のせいでもあり）。あれからどれ程の時を、ガーデンズシネマで過ごしただろう。

ここで映画を見ることで仲間と出会った。集まっておしゃべりしてるうちに、様々な企画も生まれた。そんな仲間と「ガーデンズシネマ部」をつくった。メンバーは会員だったり、ただのお客さんだったりそれぞれだが、共通するのは映画への愛、そして「ガーデンズシネマを盛り上げたい！」という想い。

マルヤガーデンズが出来たから、ガーデンズシネマがあったから、私たちは出会い、つながった。こんな奇跡をもたらしてくれた全ての人と出来事に、心からの感謝の思いを込めて、ガーデンズシネマ部メンバーで、この「39席の映画館～いつもみんなで映画（ゆめ）をみて～」をつくった。

にゃーこズシネマギャラリーを中心に、ガーデンズシネマ誕生の物語、ガーデンズシネマに一言、ガーデンズシネマ来館映画人、イベントラインナップなど、盛りだくさんな内容。どこからでもお読みいただけます。

読了後は、あなたもガーデンズシネマ部員？かも。

ガーデンズシネマ部マネージャー　奥村美枝

目　次
contents

Map
N
鹿児島
中央駅前
7F
ガーデンズシネマ
天文館通
マルヤ
ガーデンズ
桜島はこっち↓
kototsameshima

そして映画館がうまれた

ガーデンズシネマ支配人

黒岩美智子

鹿児島随一の繁華街である天文館。そこにはかつて何軒もの映画館がありました。文化劇場（後のシネシティ文化）、有楽座、東宝、スカラ座、松竹、東映……。映画が娯楽の中心だった頃、天文館は映画の街でした。
しかし2006年、天文館から映画の灯が消えてしまったのです。

私は天文館の複合商業施設、マルヤガーデンズの7階にあるミニシアター“ガーデンズシネマ”の支配人、黒岩と申します。天文館から映画館がなくなった後、私たちがどのようにしてガーデンズシネマを立ち上げ、運営を続けているのか、そんなお話をさせてください。

私が生まれた1958年は､映画館の年間入場者数が最多を記録した年でした。私が最初に観た記憶がある映画は、小学生の時に親に連れられて鹿児島県文化センター（現･宝山ホール）で観た人形アニメーション映画『龍の子太郎』。今のように娯楽が多様化していない時代です。映画の人気はそれはすさまじかったのです。お正月に家族で観に行った白土三平原作の『大忍術映画ワタリ』では、映画館の扉が閉まらないほどぎゅうぎゅう詰めで、私は気分が悪くなってしまうくらいでした。
その後、映画が好きになっていったのは、あの淀川長治先生の影響が大。毎週、淀川先生の「サヨナラ、サヨナラ」で締める映画解説つきの日曜洋画劇場を観るのが楽しみでした。大学生の時に観た『アラビアのロレンス』の衝撃が忘れられず､いつしか映画の感動を誰かに伝えたいと思うようになり、自主上映会を手伝うようになりました。
大学を卒業後、普通にOLとして働いていたのですが、次第に映画に関わる仕事への思いがわき上がってきました。昭和が終わり平成となった1989年、仕事のあてはまったくなかったのですが上京しました。都会に出たうれしさで映画三昧の日々を過ごしていたらあっと言う間に3カ月、退職金も底をつき、これはまずい！というところで当時配給を始めたばかりの東京テアトルの子会社、テアトルエージェンシーという広告代理店に何とかアルバイトで雇ってもらうことができました。その頃から「単館系のミニシアターが鹿児島にできたらいいな」と夢見ていました。90年代に“プラザ80”“プラザ120”ができて遠く東京から喜んでいたのですが、何年かするとそれもなくなってしまいました。
テアトルエージェンシーでは映画パーソナリティーの襟川クロさんのラジオ番組「クロのシネマアップ」を担当しました。クロさんには番組を通していろいろと学ばせていただきました。
私は家の事情もあって、1995年に仕事を辞めて鹿児島に帰ったのですが、その送別会の席で、クロさんに「鹿児島でミニシアターをやりたいと思っています。もしも実現したら、来ていただけますか」とお願いしました。クロさんは「いいよ。その時は行くよ」と快く言ってくださいました。

帰郷したときには天文館の映画館はシネシティ文化のみががんばっているような状況でした。
しかし2004年以降、鹿児島にも多数のスクリーンを備えるシネマコンプレックスの波が押し寄せます。上映はメジャー系の映画が中心となり、いわゆる単館系の映画―さまざまな国のさまざまなジャンルの映画―はますます上映されにくくなっていました。映画雑誌やメディアで紹介され、東京や大阪で評判の映画を観たくても観られない状況が続きます。
そして2006年、シネシティ文化が閉館。最後の砦もついに失われてしまったのです。

すべてはここからつながった

いよいよ天文館から映画館が消えてしまいました。かつて映画の街だった天文館。映画を観た後の、あの独特の高揚感に顔を上気させながら映画館から出てくるたくさんの人たち。そんな光景もなくなり、街からは色彩が薄れていったようでした。
そんな中、演劇・音楽・絵画などの芸術家と市民をつなぐ団体「かごしまアートネットワーク」主催で天文館の映画館ゼロの現状を考えるシンポジウムが開催され、多くの映画ファンが集まりました。みなさんの発言を聴きながら「誰かが声を上げてくれないかな」と思っていましたが、そんな気配はありません。「自分に何かできることはないか？」という気持ちが強くなり、シンポジウムの終了後に勇気を出して、何人かに声をかけました。
「みんなで何とかしませんか？　映画館がなくなった鹿児島の状況を一緒に考えて、アクションを起こしませんか？」
今にして思えば、この恐る恐るの一声が後々の鹿児島コミュニティシネマ誕生、そしてガーデンズシネマの立ち上げへとつながっていくことになったのでした。
余談ですが、この日記念上映されたのが李相日（リ サンイル）監督の『青～chong～』。ぴあフィルムフェスティバルで賞を得た作品でした。後に李監督を招聘するイベントがやれるとは、この時は思いもしませんでした。

鹿児島だけではなく、全国的に街の映画館が次々と閉館していく時期でした。映画文化の衰退をなんとかしたいという思いから、映画を通して地域に文化コミュニティを創るというコミュニティシネマ活動が興っていました。自治体と一緒に映画館を運営するところも出てきました。

私は東京で開催されたコミュニティシネマ活動の勉強会に参加して、東京のコミュニティシネマセンター、大分のミニシアター“シネマ5”の支配人・田井肇さん、宮崎文化本舗の石田達也さん、群馬の“シネマテークたかさき”の志尾睦子さん、映画館を残すためにがんばっている全国の先輩たちから、たくさんのアドバイスをいただきました。

シンポジウムで声をかけたメンバーとミーティングを繰り返し、天文館から映画館がなくなって1年が過ぎた2007年6月、任意団体として鹿児島コミュニティシネマを立ち上げました。

昔からの映画仲間の上屋功一さん、映画検定1級保持者の小野公宇一さん、中村アイ子さん、川崎眞俊さん、中木原和博さん、小川みさ子さん、重田枝律歌さん、豊山博久さん、竹下さおりさん、野口英一郎さん……。

会社員、自営業、市議会議員、主婦、学校の先生……映画を愛するいろんな立場の人が集まりました。新聞でも呼びかけたところ、当時鹿児島県立短大の先生だった斎藤悦則さんも参加してくださいました。

立ち上げ当時の人数は17人くらいだったでしょうか。街に再び映画の灯をともそうとする仲間がこれだけいることに、胸が熱くなりました。

映画の街、再び

鹿児島コミュニティシネマ（以下「コミシネ」と略）の最初のアクションは、閉館するシネシティ文化さんに「2スクリーンだけでも続けてください」とお願いすることでした。5スクリーンのうち2つは席数も少なく、アート系の映画も上映していたのです。「運営の継続が不可能だったら、私たちに貸していただけないか」ともお願いしたのですが交渉は難航し、断念。

みんなで「いつかはミニシアターを持とう。でも、今はできることからコツコツと」ということを確認し、自主上映活動へ歩を進めました。

2007年8月の第1回上映作品は黒木和雄監督の『紙屋悦子の青春』でした。「鹿児島の出水・米ノ津が舞台になっているにもかかわらず、鹿児島では未公開です。一発目はこれですよ！」という小野さんの猛烈プッシュで決定。最近では『ペコロスの母に会いに行く』や『あん』で活躍されたお二人の原田知世さん、永瀬正敏さんが主演です。コミシネ立ち上げから約2カ月、さほど準備にも宣伝にも時間をかけることができなかったのですが、会場の黎明館講堂にはたくさんのお客さまが来てくださいました。

福岡はもちろん熊本、長崎、宮崎、大分、佐賀、九州の他の県にはミニシアターがあります。しかし、ミニシアターのない鹿児島では観ることのできる映画は限られています。映画への渇きを感じた初回の上映会でした。

この年はもう1本、アネット・ベニング主演『華麗なる恋の舞台で』を上映しました。

自主上映会と一口に言いましても、まずは映画を選定して、上映会ができる公共のホールなどを借りて、チラシやポスターを作成し、応援してくれるお店を一軒一軒まわって置かせてもらう。資金なんてないので、みんなボランティアでの宣伝活動です。チケットもメンバーそれぞれが預かって、手売りが基本。とっても地道です。そんなアマチュアなコミシネですが、2008年には『ミリキタニの猫』『実録・連合赤軍～あさま山荘への道程』など4本、3年目の2009年には活動や運営にも慣れて、ほぼ毎月上映ができるようになりました。『マルタのやさしい刺繍』では1日で600人ものお客様が来られました。

会員制度をつくり、会費をいただいて運営に回しましたが、それでもみなさんに謝礼を払えるでもなく、手弁当で動いてくれたスタッフ、協力してくださったみなさんのおかげで上映会を続けることができました。いまでも感謝の気持ちでいっぱいです。

2008年6月にはパネルディスカッション「映画で街を元気にする」を黎明館講堂で開催しました。コーディネーターには当時株式会社グローバルユースビューロー専務取締役の古木圭介さん、パネリストに大分のシネマ5の田井肇さん、『あぶない刑事』や『太陽を盗んだ男』を手がけた映画プロデューサーの伊地智啓さん、We love 天文館協議会会長の有馬勝正さん、鹿児島フィルムオフィス幹事の西田建一さん、以上の方々をお招きし、ご発言いただきました。

田井さんが「シネマ5は、シネコンに比べると来場客数は年間で10分の1以下。だけど、シネコンの半分くらいの数の映画を上映する。つまりうちがなくなると映画を観る人口はたいして減らないけど、大分でかかる映画は半分くらい減ってしまう」という趣旨の発言をされました。地域の文化の多様性を保つために、ミニシアターが担う役割は決して小さくない、と感じるシンポジウムでした。

コミシネ、映画をつくる

自主上映もなんとか継続できるようになり、お客様の反応に手応えを感じていた2009年、鹿児島県の文化助成事業があるので映画をつくってみませんか、というお話をいただきました。

上映会の運営もみんなボランティアでなんとか続けている状態、同時に映画製作となると、大変なことになるのは目に見えています。コミシネの会議でも意見がわかれましたが、結果、「せっかくのチャンスだから、大変だけどぜひトライしてみよう！」ということになりました。

映画のタイトルは『県民エイガ さつまおごじょ〜サザン・ガールズ・グラフィティ』に決定。「おごじょ」とは鹿児島弁で、娘さんという意味です。内容は、巨大な西郷隆盛のキャラクター「ダイサイゴー」と、西郷隆盛が連れていたとされるツンという犬がモチーフの「ツンツン」というキャラクターを使って町おこしをする姉妹の物語。企画書を作成し、提出。期限ギリギリでしたが採用され、コミシネは映画製作という新たなステージに突入することになりました。

映画製作のための委員会を結成して、当時映像制作会社に勤めていた長野泰英さんと現在『薩摩剣士隼人』のプロデューサーで活躍する外山雄大さんが企画に当たり、何と私がプロデューサーに就任することに。監督には長野さんの紹介で堀奈理子さんを迎えました。

今思えば「映画製作とはこんな大変なものだったのか」というのが正直な感想です。スタッフも出演者もボランティアで参加。全てが初めて尽くしの体験。当然、考え方の違いからぶつかり合いも起きました。脚本の最終持ち込みまで何度話し合い、何度書き直してもらったことか。

いつの間にか季節は夏から秋へと移り変わり、ロケハン、本読み合わせから撮影がスタートしました。そこでもまたぶつかり合い。そこをいかに調整していくか。共通理解を取りつけるか。それがプロデューサーである私の大きな課題でした。

空中分解寸前、いまにも墜落か、という危機を幾度もくぐり抜け、何とか完成にこぎつけ、2010年2月6日の上映会開催に間に合いました。

映画のエンディングは関わったメンバー勢揃いのカーテンコール。いろいろあったけど、これもすべていい思い出、メンバー全員の努力の結晶。輝く作品。関わったみなさんのおかげで、多くの方々に作品を観ていただくことができ素晴らしい上映会となりました。

思いがけず襟川クロさんと、クロさんのラジオ番組で一緒に仕事をさせていただいたスタッフの方からもお花が届き、胸が熱くなりました。伊地智啓さんも駆けつけてくださり、感謝感激、喜びもひとしおでした。

コミシネ、映画館をつくる

無事に上映会までこぎつけたものの、やはり映画の「上映」と「製作」はまったく別物。ほとほと疲れてしまって、もう二度とプロデューサーはやるまいと思っていた頃、コミシネ会員である川崎眞俊さんのご紹介で、2010年の4月にオープン予定のマルヤガーデンズさんとお会いする機会にめぐまれました。

川崎さんは私たちコミシネに、持ちビルをミニシアターにしては、と申し出てくださった方です。設計の見積りまで行い、やはり設備に何百万単位のお金が必要だということがわかりました。あとは資金調達をどうするか？というところで話が止まっていたのです。

その矢先、マルヤさん側から、デパートと隣あっていた川崎さんのビルを駐車場に使わせてほしい、という提案がありました。地域の発展のためにと川崎さんはビルを手放され、コミシネのミニシアター計画は一旦白紙になりました。

しかし、川崎さんはコミシネのことをマルヤさんにお話ししてくださっていました。

当時のマルヤガーデンズの社長であった玉川惠さんと青崎寛店長にお会いしたのは2010年1月10日でした。

もともと現在のマルヤガーデンズの場所にはデパートの三越があったのですが、2009年5月に閉店してしまいました。地元の「株式会社丸屋」さんが建物を大規模にリノベーションして、2010年4月28日にオープンするという計画でした。マルヤガーデンズの、人と人をつなぐ場にする「ユナイトメント」という志に大いに共感しました。まさに、映画で人と人をつなぐという私たちのやりたかったこととつながっていました。

マルヤガーデンズさんとの話し合いに臨んだコミシネメンバーは私、上屋さん、小野さん、中木原さん、重田さん、斉藤さん。7階につくる多目的ホールで上映会を、ということで話が始まったのですが、コミシネメンバーが映画愛を、鹿児島の文化発展への思いを、天文館に映画館を！　と、ここぞとばかりに語る、語る、語る！　マルヤガーデンズさんも熱く応えてくださり、「では、ミニシアターをつくりましょうか！」という願ってもないお言葉をいただいたのです。
マルヤガーデンズさんからのお返事を持って帰り、映画製作と平行しながらミーティングを開きました。オープンは4月28日です。準備期間は4カ月もありません。映画館の運営の経験がある人もいません。間に合うのか？　機材・映写機はどうするのか、スタッフは、資金は？　課題は山積みです。困難であることを予想できないほうがおかしいくらい。もちろん意見も様々です。
月に1回程度の自主上映と違い、映画館という場所を構えるわけです。設備に加え、運営する専従のスタッフは絶対に必要です。コミシネのメンバーは、当たり前ですが本業は別に抱え、家族を持ち暮らしています。私は当時アルバイトをしていたのですが、マルヤさんとの話し合いの時から「ミニシアターをつくることになったら、今の仕事を辞め、映画館に専念しよう」と決めていました。
「こんなチャンスはこの鹿児島ではもう二度と、絶対に来ない」。それだけは確信を持って言えました。最低限のスタッフの1人は私がやることだけは決め、あとはダメで元々。もうやるしかない。
天文館から映画館がなくなりまもなく4年。いよいよ私たち鹿児島コミュニティシネマは、映画の灯を再びともすことに挑みます。

早速、急ピッチで準備を始めました。
映画館をつくるときに揃えなければならないものってなんでしょう。
まず上映場所については、マルヤさんの7階のホールを貸していただくことでクリアーできています。映写機を操作するための映写室もオーケー。受付をしたり、チラシやパンフレットを置いたり物販をするロビーも大丈夫(ロビーという響きから想像されるものとはあまりにもかけ離れた広さではありますが)。
上映するためには映写機、スクリーンはもちろん、スピーカーやアンプなどの音響設備も必要です。お客様を立たせるわけにはいかないのでイスも揃えます。
映画館というのは、「興行場」として県の許可を受けなければ開くことができません。興行とは、入場料を取って映画や演芸、演劇、スポーツなどを観客に見せることです。ですから興行場には映画館だけでなく、劇場、寄席、ライブハウスや野球場、サッカー場、ストリップ劇場なども含まれます。設備の準備以外にも興行場としての許可申請の手続きはマルヤさん側が進めてくださいました。
映写機については、いろいろなご意見をいただきましたが、35㎜映写機の導入は見送ることにしました。35㎜とは、映画のフィルムの規格です。映画と言ったら多くの方が想像される、フィルムがカラカラと回る、あれですね。味わいがあってファンも多く、他県のミニシアターの方からもすすめられて大変悩むところでした。ですが、35㎜を導入すると専門の映写技師さんが必要となり、さらに購入に何百万円もかかってしまいます。資金がほとんどない中でそれは非常に厳しい。そこでDLPというデジタルのプロジェクターでスタートすることにしました。

私たちはブルーレイのデッキを購入。最低限の設備は揃いました。

設備購入資金はどうしたかと言いますと、もちろんコミシネにまとまったお金があるわけではありませんでした。大変ありがたいことに、ブルーレイのデッキ以外のすべての設備をマルヤさんが準備してくださったのです。

館名についてもいろいろな案が出ましたが、結局シンプルに「ガーデンズシネマ」に決定しました。「ガーデンシネマ」ではなく「ズ」の入った「ガーデンズシネマ」。マルヤガーデンズの映画館、近くに庭のある映画館、そしてみんなの庭となる映画館になってほしいという願いを込めて名付けました。

運営については、私が常駐で1人。受付はボランティアを随時募集することになりました。ブルーレイでのデジタル上映と言っても、恐ろしいことに上映の途中で止まってしまうこともあります。上映中は必ずスタッフが映写室にいて、トラブルに備える必要があるのです。映写のパートを2人募集することになり、つてを頼り、即面接、即採用でした。上映スタッフとして勤めてくださったお二人には今でも感謝でいっぱいです。その後、経理事務など諸々の作業が増えてきたため、2012年からは鮎川章子さんに社員として入っていただいたのですが、オープン時の人件費は常駐の私とパートのお二人だけの最低限に抑えることができました。会員のみなさんやボランティアさんのご好意があったからこそです。ひとまずこれで、スタッフについては目処がつきました。

他の館を参考に、自主上映の時からの会員制度を改訂し、会員証もつくりました。

さて、初回の映画は何をかけるか、番組会議です。映画業界では、上映作品のことを「番組」と呼ぶのです。世の中で製作されるすべての映画が上映できるわけではありません。映画を映画館に卸してくれるのが「配給会社」です。誰もが聞いたことがある「東宝」「松竹」「東映」「20世紀フォックス」などのメジャーどころをはじめ、数え切れないほどの配給会社があります。

映画を上映するためには配給会社とのお付き合いが必要であり、私たちのような実績もない映画館はまだまだ配給会社との関係は希薄なのです。しかし映画館はあるけど、かける映画がなかったらそれは映画館とは言わないわけで、実績はこれからつくるしかありません。私が東京で映画宣伝会社に勤めていたときのつてや、コミシネで自主上映をがんばっていたときからお付き合いのある配給会社さんの作品から、「これぞ幕開けにふさわしい映画」を、話し合って決めました。

オープン第1回目には、みんなでつくったあの『さつまおごじょ〜サザン・ガールズ・グラフィティ』。そして韓国のドキュメンタリー映画『牛の鈴音』とフランス映画『夏時間の庭』をセレクトしました。

ちなみに、よくびっくりされるのですが、マルヤさんへの敷金10万円と、手元に当面の運転資金10万円。たったそれだけを用意して、あとは文字通りの自転車操業でした。

2010年4月28日、ガーデンズシネマ開館

マルヤガーデンズの正式なオープンは4月28日でしたが、前日にプレオープンがあるということでした。特に映画を上映するわけではないのですが、誰もいないわけにもいきません。しかし、平日なので頼める人もいません。ともかく私が1人で入ったのですが、打ち合わせが入ることになり、現場にいることができません。これはまずい！　さあどうしようという時に、知り合いのエム・ユキコさんが運よく現れました。まさに時の氏神、早速店番をお願いしました。せっかくのプレオープンの日に、ゆっくりマルヤを見て回りたかったはずであろうエム・ユキコさん。6、7時間でしょうか。思いがけず長い時間お願いすることになってしまい、いまだにエムさんには頭が上がらない私です。大感謝、であります。

1月に青天の霹靂とも言えるミニシアター開設のお話をいただいてから、設備、スタッフの手配、映画の選定、配給会社とのやり取り、その他諸々の準備にコミシネメンバー一同がまさに忙殺されたこの4カ月弱。映画を上映するにあたり、最も重要な「宣伝」に力をかけることがほとんどできませんでした。

いよいよマルヤガーデンズ、そしてガーデンズシネマがオープンする2010年4月28日水曜日。記憶力の弱い私は当日の天気をまったく覚えてないのですが、晴れだったようです。

様々な方のご好意により、念願の映画館を何とかつくることができた私たち。平日でしたが、オープンには立ち会いたいと、多くのメンバーは休みを取って来てくれました。

午前11時、ガーデンズシネマの記念すべき第1回目の上映は、『さつまおごじょ〜サザン・ガールズ・グラフィティ』です。果たしてどれだけのお客様が来られるだろう、もしかしたら満員？　いや、さすがにそれは無理、せめて10人は来てほしい。まったく想像もつかなかったのですが、開けてみると初回のお客様は、……なんとお一人でした。

スタッフのほうが多くて、せっかく取材に来てくださった新聞社の方も拍子抜けしたかもしれません。平日の午前中だからしかたないか、さて、これからどうなるんだろうと思いつつ、ゼロではなかったことにほっとする私たち。我ながら前向きかもしれません。ちなみに、初日にかけた『夏時間の庭』は、私たちの映画館の名前にも「ガーデン」の文字が入っていますし、庭のイメージを込めて選びました。『牛の鈴音』は、内容もですが、チラシに掲載されている、過酷な農作業でひび割れた農夫の手が鈴を包み込む写真が決め手になりました。これから映画を丁寧にお客様に手渡しするようにかけていこうとする私たちにぴったりのような気がしたのです。牛の歩みのようなゆっくりとしたスタートですが、長く続くことを願っての上映でした。

プレオープン事件に、初回まさかのお客様お一人。鹿児島県民待望のミニシアター、華々しくオープン！　というわけにはいきませんでしたが。これもまた私たちらしいスタートかもしれません。

とにもかくにも、幕は上がりました。

『さつまおごじょ〜サザン・ガールズ・グラフィティ』
監督：堀 奈理子
主演：斎藤千晃、斉藤 晶
日本／ 2010年

『牛の鈴音』
監督：イ・チュンニョル
主演：チェ・ウォンギュン
配給：スターサンズ、シグロ
韓国／ 2008年

ビギナーズラック

オープニングに絡み、東京から襟川クロさんが来てくれました。私が東京から帰郷するときにお願いした約束を守ってくださったのです。あの時は何の算段もなかったけれど、言葉にしていてよかったとつくづく思いました。クロさんは新聞社からの取材に「市民参加が運営継続の力になる。観る側も『部活』のノリで運営に参加してほしい」とコメントされました。クロさんからのガーデンズシネマへの応援メッセージのような気がして、その新聞記事はいまだにロビーに飾っています。秘かに守り神と思っております。

なんとかスタートはしたものの、コミシネメンバーもそれぞれが仕事を抱える中での初めての映画館運営。専従のスタッフは私だけという状況。とにかくガーデンズシネマを知っていただかないとお客様は増えないのですが、宣伝が思うようにできません。4月のオープンからしばらくは、お客様に来ていただくことの難しさを痛感する日々でした。

1日で2本の映画を2回ずつ上映、合計4回の上映で客数10人という日もざら。時には上映回1人の日も、ゼロの日も……。

映画館の運営には、どうしてもお金がかかるものです。私とパートさんの人件費、家賃、光熱費、会報の発送費などの通信費、入場者数に応じて配給会社にも映画料が発生します。

たった10万円だけを握りしめて始めたガーデンズシネマ。この現状を何とかせねば、1年も持たないかもしれぬ、と夏本番を迎える前にイベントを企画しました。その名も「チェコ映画祭」です。東京でイジー・メンツェル監督の『スイート・スイート・ビレッジ』を観て以来、いつか鹿児島でも彼の作品を上映したいと思っていました。この年、メンツェル監督の新作『英国王給仕人に乾杯！』が世に出ました。この作品は35㎜なので、ガーデンズシネマの設備では上映できません。だけど今なら『スイート・スイート・ビレッジ』と一緒にガーデンズシネマで上映できるかもしれない。35㎜の作品をかけるには、映写機を借りてきて、さらに映写技師さんも必要になります。レンタル費を含めて最低でも10万円は必要。当然そんなお金はガーデンズシネマにはありませんでした。

私は「チェコの人々のおおらかな文化のある生活を伝えたい」という企画書を作り、霧島市溝辺の焼酎や地ビールのテーマパーク「チェコ村バレル・バレー・プラハ」さんに協賛のご相談に伺いました。これに快諾いただけ、うれしいことにマルヤガーデンズ7階に3日間チェコ村が出現したのでした。雑貨が並んだり、チェコの絵本を卸本町の絵本屋「アルモニ」さんが展示販売してくださって会場は賑わいました。そしてなんと言ってもチェコ料理にチェコビール！　映画を観ながらビールを飲むという最高のシチュエーションに多くのお客様がおいでくださり、これまでの低空飛行の日々から抜け出し、いい夏が迎えられそうな予感がしました。

1年目の興行面を支えてくれたのは、若松孝二監督作品『キャタピラー』でした。若松監督はミニシアターに優先的にご自身の作品をまわしてくださる、本当にありがたい方でした。私たちは、監督の『実録・連合赤軍～あさま山荘への道程』を自主上映していたご縁もあり、配給元さんから声をかけていただいたのです。

ひと夏中この作品1本で勝負しました。朝から晩までキャタピラー4回上映。アンコール上映も合わせるとトータルで1800人以上の方に観ていただいたでしょうか。この作品がガーデンズシネマ歴代No.1の観客動員となりました。39席のガーデンズシネマはすぐに満席です。補助椅子も出しましたが、入場できないお客様も出てしまいました。戦争で手足を失い「軍神」と呼ばれるようになった傷痍軍人と、その妻が主役の本作品は、ショッキングな場面も多いのです。一般に受けるかどうかわからないところもありましたが、次々に並ぶお客様。ともかく寺島しのぶさんの人気がすごかった！ベルリン映画祭で女優賞を受賞ということもありましたが、ほとんどの情報番組に登場された寺島さんの告知力が大きかったと思います。

ようやく鹿児島の映画館として認知され、12月には念願だった、鹿児島県興行生活衛生同業組合に加入しました。組合に加入できたことで、地元紙の南日本新聞の映画案内のコーナーにも上映作品、上映時間を掲載できるようになりました。これがガーデンズシネマで唯一の、お金を払って継続的に出している広告です。その他の雑誌、新聞、テレビ、ラジオなどでの広報はすべてお金をかけずにやっています。全国の映画館名簿にも2012年度版から掲載させていただけるようになりました。

コミシネはもともと任意団体として立ち上げたのですが、この年の11月には一般社団法人として法人格も取得しました。

赤いイスがやってきた！

ガーデンズシネマは、もともと映画館として設計されている訳ではないので、あれこれ改善点が多いのですが、その中でも長時間の鑑賞に耐えられるイスを何とかしたいというのが急務でした。開館当初、これまでマルヤさんで使われていた味のあるイスが並べられていたのですが、背もたれがないイスもありました。お客様から「お尻や背中が痛くなった」という声をいただいたのも事実です。

東京で仕事をしていた時の上司だった田部井悟さんに相談すると、岐阜の劇場が閉館するので、そのイスを譲ってくれると連絡がありました。解体して輸送の上で組み立てて設置。ただしその経費は全てガーデンズシネマが持つことが条件でした。アメリカ製の上等なイスらしく、またとないチャンスと、お受けすることにしました。座席設置のためには、館内に傾斜をつける必要がありました。その改装費用も必要。コミシネメンバーの知り合いの業者さんにお願いして極力費用を抑え、政策金融公庫に融資をお願いしてなんとか資金を捻出しました。

2011年3月初めに工事に入り、10日に豪華な赤いイスがお目見えしました。座ってみると、高い背もたれと肘掛けにすっぽりホールドされる安心感。これでお尻の痛さからも解放され、お客様もきっと映画に集中できるはず。

普通に新品のイスを入れる半分以下の予算で設置でき、ようやくガーデンズシネマも映画館らしくなりました。昔からの仲間とご縁に感謝です。奇しくも、東日本大震災の前日のことでした。

こちら噂の赤いイス。一気に映画館らしく！

エントランス風景。チラシ、ポスターたっぷり展示してます

イベント！　ダンス！！　映画祭！！！

ガーデンズシネマと言えば、そう、イベントです。監督のトークショーはよくあるかと思いますが、96ページからのイベント一覧をご覧いただけたらわかる通り、ガーデンズシネマはライブ、フラメンコ、ウクレレワークショップ、イタリア料理を食べに行きましょうツアーに料理教室まで、我ながらよくぞここまでとあきれるくらいイベントを連発しています。

みなさまは「マサラ上映」というものをご存知でしょうか？　映画館では上映中に立ち上がったり大声をあげたりというのは御法度とされますが、その御法度をOKにするのがマサラ上映。インド映画の上映スタイルで、映画に合わせて歌ったり、踊ったり、歓声をあげたりして観客みんなで楽しむのです！　これをガーデンズシネマでも実現しようと、2013年『恋する輪廻～オーム・シャンティ・オーム』でマサラ上映を決行しました。結果は、この鹿児島の保守的な地域性でしょうか。なかなか踊り出す方がおらず、誘い水になればとついつい私は踊り出していました。

もう一度チャレンジ！　と翌年には鹿児島市でダンサーとして活躍するmadokaさんをお迎えして、マサラ上映のためのダンスレッスンを開催しました。その甲斐あって『スチューデント・オブ・ザ・イヤー～狙え！NO1！！』のマサラ上映ではサリーに身を包み、メイクアップもばっちりなさまざまな年齢の女性陣が集結。ガーデンズシネマはひとときだけ熱狂のダンスホール（？）へと姿を変えたのでした。執念で成功したマサラ上映。来年のガーデンズシネマ7周年で再びと、私は秘かに目論んでいるのです。

イベントと同様に私たちが取り組んでいるのが映画祭です。様々な方にご協力いただき、これまでも「国際オーガニック映画祭」や「建築CINEMA映画祭」など、テーマを持って開催しています。

2011年の年末から翌年お正月にかけて、満を持して映画祭を開催。その名も「香港電影旋風SPECIAL」！　お正月と言えば香港映画。カンフーで滾り、レスリーチャンで泣く。『片腕ドラゴン』に『チャイニーズ・ゴースト・ストーリー』や『男たちの晩歌』シリーズを上映です。新年からにぎやかに、と意気込んで開催したのですが、見事なほどにお客様は来ませんでした。韓流ドラマの隆盛もあり、次は大好きな香港映画で、と考えていた私たち……。反省のひと言です。

参加型映画館

「どうやって映画を選んでいるのですか？」「基準はあるんですか？」と聞かれることがあります。会員有志で定期的に番組会議を開き、みんなであれをかけよう、これにしようと話し合って決めています。映画のリストアップは全国のミニシアターのネットワークからだったり、県内外の映画館からの情報だったり様々です。配給会社からの売り込みもあります。

もちろん経営していかねばならないので、何でもかけるわけにはいけません。集客が見込める映画はなるべくかけたい。ですが、収益が見込めなくても、これはかける意義がある、と判断した場合は上映します。社会問題を取り扱ったドキュメンタリーや地元を舞台にした自主制作映画などもそうです。うちがかけないと、鹿児島ではかからないもの。そういうものはなるべくかけたいと思っています。

選定をする上で明文化された基準はないのですが、自分たちが自腹を切ってでも観たい、と思えることが最低条件かもしれません。小さい作品でも、ハートに届くような作品を、と選んでいます。

また、会員になっていただく（年会費あり）と、映画を割引料金で鑑賞できるだけでなく、イベントや企画の提案ができたり、上映選定の会議に参加できる特典もついています。上映作品の選定は、映画館運営の根幹をなす仕事です。それを開いたものにする。こんなことをしている映画館はあまりないかもしれませんが、たくさんの方に、映画に、ガーデンズシネマに関わっていただきたいからなのです。「参加型映画館」として、これからもさらに開かれた映画館にしていきたいと思っています。

自主上映の時から会員さんを募っていますが、現在はだいたい600人ほどの方に登録いただいています。会員さんを増やすのも私たちの課題です。

存続か、撤退か。最大の危機、DCP問題！

「いつかは35㎜の映写機を」と電源も確保していましたが、映画界はあっという間にデジタル化していきました。メジャー会社を中心に、映画上映の規格がDCP（デジタル・シネマ・パッケージ）という新システムに世界的に変えられていきました。

次々とメジャーな新作映画がDCPで配給されるようになり、全国のシネコンが導入し始めました。当初、DCPシステム1台が1000万円以上ということで、ガーデンズシネマには夢のまた夢の話でした。次第に単館系の映画もDCPが増えていきます。ガーデンズシネマはブルーレイディスクしか上映できないため、DCPで配給される作品はかけられないのです。ミニシアターにも、待ったなしのDCP化の波が押し寄せてきました。それはすなわち、資本を持った者がシステムを作り、有利となるグローバル化の波でもありました。

全国のコミュニティシネマ会議でも最優先課題になり、勉強会にも参加しました。「600万円台の小型機ができるようだ」という話を聞いて、少しだけ希望の光が見えました。新潟の“シネウインド”の井上経久さんと「資金なんてないし、募金で集めるしかないですよね」と話したのを覚えています。

2012年には新たに天文館にシネコンができ、お客様に来てもらえるように作品選定はより大事になってきました。かけたい映画がDCPだったため涙を飲む回数も増えてきました。ガーデンズシネマが存続していくためには、DCP導入は必須条件でした。東京でお会いしたシネウインドさんも募金でDCP導入に成功したというニュースが入ってきました。全国的な機運、いまこのタイミングに乗り遅れたら募金を集めることはできないかもしれません。それはすなわち、映画館を維持するために必要な映画が上映できなくなることを意味します。

2012年の夏、「この1年内に工事費、維持費含め550万円のDCPシステム導入資金が用意できなければ、閉館」を覚悟して、ガーデンズシネマ最大の試練＝DCP導入化作戦に挑みました。

例によって手持ち資金はほぼありません。

まずは募金のお願いチラシをつくり、募金箱をつくってガーデンズシネマに設置しました。募金は一口1000円。1万円の方は劇場に名前を掲示するという特典も付けました。金額が大きくなっていくごとに、会員との交流会にご招待や、南さつま市坊津の『007』ロケ地ご案内など特典も増やし、100万円寄付の方にはガーデンズシネマの貸し切り上映権を特典にしました。100万円くれる方なんていないでしょうけど、ダメもとで書いておこうというところでした。

マルヤガーデンズさんも1階のインフォメーションカウンターに募金箱を置いてくださり、会員さんのご紹介で街中のカフェや喫茶店、飲食店など募金箱設置に協力してくださるお店も次第に増えていきました。少しずつ募金が集まってきます。しかし、8月から募金集めを始めて約5カ月、年末の募金通帳の残高は25万円ほど。550万円の目標まで、残りは525万円です。やはり無理か、撤退か。でも、やるしかないんです。

39席の奇跡

年が明けても映画館の運営と同時進行で募金集めをひたすら続けていました。

ここでも私たちは大得意な、というか大好きなイベントを開催。3月3日に「デジタル化のためのガーデンズシネマ・チャリティーバザー&オークション」を開きました。会員さんに呼びかけて、手作り品、不要になったCDや本、衣類、お皿に壺まで提供していただき、次から次に売りさばきました。私が個人的に所有していた歌舞伎役者のサイン入り手ぬぐいもオークションにかけ、数千円で買ってくださるありがたい方も現れました。イヤリングやネックレスなどのアクセサリーを提供してくださった方もいらっしゃって、貴金属が含まれているであろうその輝きに、「これは売るより、換金してもいいかも」と秘かに買取屋さんに持って行ったことは秘密です。

みなさんのご好意でイベントは大成功。1日で10万円程度の売上になりました。

そして、募金集めに光明が見えてきた気がした年度末の3月末、会員の方から、なんと100万円の寄付が届いたのです。絶対にないと思っていた大口募金。募金通帳の残高は、これで165万円。

風が吹いてきたのをはっきりと感じた時でした。

募金活動のことがマスコミでも取り上げられ、寄付が急速に集まり始めました。毎月寄付を送ってくださる方、来館の度に募金してくださる方、新聞記事を読んで募金をしに来てくれた高校生。クラウド・ファンディングにも挑戦しました。TEDxKagoshimaでもプレゼンテーションをしました。ありとあらゆる方々のバックアップで募金が集まってきました。

自己資金がなければ金融機関から融資を受けることは難しいのですが、募金が250万円を超えたところで政策金融公庫からの融資が可能になりました。

かわいい募金箱。みなさまご協力ありがとうございます！

ガーデンズシネマに寄せられたメッセージです

募金開始からおよそ1年の8月で、集まったお金は約314万円。借り入れが200万円。550万円の目標にはわずかに届きませんでしたが、DCPシステム購入の目処がつき、2013年9月、DCPでの上映が始まりました。

100万円の寄付をしてくださった会員さんには、一生涯の大恩を感じているのですが、残りの約200万円の寄付も、たくさんの方々のご好意の集合です。大勢の方がガーデンズシネマ存続のために力を貸してくださいました。お名前も名乗らずに協力してくださった方々がたくさんいらっしゃいます。みなさまお一人おひとりにお礼をして回りたいのですが、それはかないません。私たちは鹿児島の街で、良質な心に届く映画をかけ続けること、ガーデンズシネマを存続させ続けることでみなさまにご恩を返していけたらと思っています。

なんの資金も宣伝力も持たない私たちが1年でこれだけのお金を集めることができたのは、奇跡だと思います。必死に始めた募金活動ですが、その奇跡を起こしたのは私たちではなく、映画を愛する多くの方々だったのです。

ユナイトメントは続く

現在、鹿児島にお住まいの映画プロデューサー伊地智啓さんには、ガーデンズシネマもひとかたならずお世話になっています。

あるとき伊地智さんから「鹿児島の映画文化を押し上げ、映画ファンを増やすために、監督や脚本家など製作現場で活躍する人と観客をつなぐ場を創りたい。できれば大学と一緒に企画して、若い世代が参加するような」というご提案をいただきました。お話の後まもなくしてガーデンズシネマに、鹿児島大学の中路武士准教授が来訪されました。映画・映像研究者である中路先生が伊地智さんのアイデアに共感され、このお二人を中核として「製作の現場と観客をつなぐプロジェクト」が始まりました。

2014年、最初に李相日監督、2回目に脚本家の奥寺佐渡子さん、3回目は成島出監督と奥寺佐渡子さん、4回目は濱口竜介監督、5回目が平山秀幸監督と続いています。映画文化を次世代に継承していくこと、これもガーデンズシネマの大きな課題です。

2015年4月、5周年を迎えたガーデンズシネマに、ふたたび襟川クロさんをお招きしました。交流会の席で、イラストでの作品紹介を中心にこれまでの活動を本にしたいと、本書の発案者である奥村美枝さんが企画を提案したところ「それは面白い」と後押ししてくださいました。5年前のオープンの時に、観る側も「部活」のようにガーデンズシネマの運営に携わってほしい、とおっしゃっていたクロさんの言葉が現実となり、「シネマ本部活」が始動し、数々の人たちを巻き込み、つながりながら今日に至っているのです。

さて、ガーデンズシネマの日々を振り返ってきましたが、「よく続けてこられたな」というのが正直なところです。私は一応、鹿児島コミュニティシネマの代表理事でガーデンズシネマの支配人という肩書きを与えられてはいますが、人を引っぱることにも経営にも、さっぱり向いていません。開館して間もなく6年ですが、相変わらずあたふたとスタッフに迷惑をかけ、来客の少ない日には気をもみ、みなさんから寄せられたご意見をうまくまとめられなかったり、そんな毎日です。

人に語れることなんて何もないのですが、ガーデンズシネマがなぜ運営できているのかと改めて考えたとき、それは数えきれないくらいの方々との「つながり」以外の何ものでもないことに気づきました。

「映画で人と人をつなぐ」ことは、コミシネ立ち上げのときからの私たちの理念ですが、私たちはつながってくださったみなさんに支えてもらっていたのです。

私たちが手掛けるイベントに出演してくださるゲストの方は、ほとんどがご好意で、ノーギャラに近い形で来ていただいています。会員のみなさんに会報を発送するときも、ボランティアさんや会員さんに手伝っていただいています。映画館の運営も、イベントも私たちだけでは絶対に不可能です。立ち上げのきっかけになったマルヤさんとの話し合いだって、私一人で行っていたら、ここまで話が進まなかったことでしょう。コミシネメンバーが同行してくれたおかげ。マルヤさんと私たちをつないでくださった川崎さんのおかげ。そして私たちの思いを汲み取って、応えてくださったマルヤさんのおかげで、私たちはガーデンズシネマを始めることができました。

そんなみなさんに頼りっぱなしのガーデンズシネマが唯一自慢できることと言えば、それは「お客様との距離の近さ」かもしれません。オードリー・ヘップバーン特集上映の時、ご年配のお客様が、ご自分で収集している昔の劇場プログラムを持って来てくださいました。公開当時、封切館で制作されている貴重なものです。早速ロビーに展示すると、たくさんの方が立ち止まり、読まれていました。こんなふうに、お客様が展示物を持ってきてくださることはしょっちゅうです。イベントも、お客様や会員さんから企画を持ち込まれることもあります。そんな時、私は「みなさんがガーデンズシネマをつくってくださっている」と感じるのです。小さな映画館だからこそ生まれるお客様との近さを大切にして、みなさまが関わりたくなるような映画館にしていきたいと思っています。

最後に、この本を企画してくださった奥村さんと、一緒につくり上げてくださったシネマ部のみなさん、いつも支えてくださっているボランティアスタッフ並びにスタッフのみなさん、コミュニティシネマ立ち上げの時にご協力くださったみなさん、劇場に足を運んでくださっているみなさん、ガーデンズシネマを応援してくださっているすべてのみなさんに感謝申し上げます。

私たちは、映画には人生を、世界を変える力があることを信じています。これからも、ガーデンズシネマでみなさまの心に届く映画を上映し続けます。みなさまも、是非ガーデンズシネマで映画をご覧いただき、遊び、つながってください。

私たちは、天文館のマルヤガーデンズ7階で、今日もドアを開けてみなさまのお越しをお待ちしております。

ロビーにて。右:スタッフ鮎川章子さん、中央：筆者、左：ボランティアの菊浦みち子さん

黒岩美智子（くろいわ・みちこ）
1958年鹿児島市生まれ。1980年鹿児島大学法文学部人文学科卒業。2007年「鹿児島コミュニティシネマ」設立。2010年より「ガーデンズシネマ」支配人。鹿児島コミュニティシネマ代表理事。

にゃーこさん紹介

ガーデンズシネマを愛する謎のイラストレーター＆映画コメンテーター。支配人クロより「ガーデンズシネマ公開映画の『シネマスケッチ』を描いてみない？」のささやきを拒めず、現在も描き続けている。彼女のセレクトした映画は、心に残る味わい深い映画ばかり。

コミシネ会報や、ガーデンズシネマのWebサイトに掲載された作品を、このたび一挙に公開！

さあ､存分にお楽しみください。本編を観たくなること、ウ・ケ・ア・イ!!！

＊公開時宣伝用として作成したものを記録するものです
＊タイトル下の日付はガーデンズシネマでの上映開始日です

作品データ：監督／主演／製作国／製作年／配給会社

こちらの欄は、ガーデンズシネマのお客様やシネマ部員から寄せられたコメントです。ページ上部の映画の感想だったりするときもあります。

私たちが街を元気にするって！

今泉姉妹&兄

県民エイガ さつまおごじょ サザン・ガールズ・グラフィティ

2010

2010年2月26日

やっている事はバラバラでも、商店街を守ろうと思う志はひとつの今泉姉妹。

それを見守るご近所の方々のあったかい人情にほろり。

たまには隣のすし屋のおばちゃんに回覧板を持っていこうかなー。

平成21年度かごしま文化芸術活性化事業（鹿児島県）作品　　堀奈理子 / 斎藤千晃、斉藤晶 / 日本 / 2010

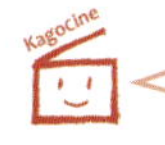

他では観られないよい作品を上映してくれるガーデンズシネマを愛しています。 西 Tarus

＊イラストはガーデンズ
シネマでご覧ください

2010

ファッションが教えてくれること

2010年3月28日

映画『プラダを着た悪魔』を観に行った時、主人公アンディが面接時にダサいと言われたのとほぼ同じ服を着ていた私には、どうやらファッションセンスはないらしい。

でも、アナ・ウィンターの仕事に対する妥協を許さない姿勢からは、学ぶべきことがたくさんある。

こんな怖いおばちゃんからこきつかわれちゃたまらんが、それを上回る成功の喜びがあるのだろう。

アナ・ウィンターと大内順子。

ファッション・リーダーが揃ってボブカットにサングラスなのはやっぱりわからないが……。

（ガーデンズシネマなき頃自主上映会にて）

R.J.カトラー / アナ・ウィンター / アメリカ /2009/ クロックワークス

「あのマニアックな映画ばっかりのところ」と評される（?）
この小さな映画館は、私の大切な映画館です。

夏時間の庭

2010

2010年4月28日

緑豊かな庭。小鳥のさえずり。

母の家にはゆったりとした時間が流れる。

家族で囲むテーブルに並ぶ美しい蓮の葉の銀器やティーセットは、超一流の美術品。

使うのがもったいないからって、棚の奥にしまっておく事こそもったいないのね。

嫁に行った時に使おうと思ってしまいこんである頂き物の引き出物たち。

諦めてそろそろ出してみるか……。

オリヴィエ・アサイヤス / ジュリエット・ビノシュ / フランス /2008/ クレストインターナショナル

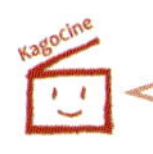

いつもありがとうございます。
わたしは、このえいがかんが、だいすきです。　I・SC

バグダッド・カフェ　ニュー・ディレクターズ・カット版

2010年5月15日

20年振りの上映なんて、信じられない！

そんなに昔の映画だったかしら？　いまだに色あせず、というよりディレクターズ・カット版になって色鮮やかに甦ったのね。

音楽や独特の乾いた空気感は覚えていたけど、細かい内容はやっぱり忘れてた。

ちょっと新鮮な気持ちでタイムスリップ！

パーシー・アドロン / マリアンネ・ゼーゲブレヒト / ドイツ /2008/IMAGIKA TV

『ブラック・ブレッド』。こんな映画がもっとみたいんです。
のほほん

やわらかい手

2010年6月26日

どこかの国のおばあちゃんも、孫がかわいいのは当たり前。

だからって、孫の治療費の工面のため、風俗店で働くなんて、マギー！

どんなに卑しい仕事であっても自分らしさを失わず、店のオーナーともしたたかに取引をするとは。
そこいらのビジネス書よりも勉強になりました。

彼女にかかれば、強面のオーナーもかわいいおっちゃんに見えてくるのが不思議。

サム・ガルバルスキ / マリアンヌ・フェイスフル / イギリス、フランス、ベルギー、ドイツ、ルクセンブルク /2006/ クレストインターナショナル

月1楽しくシネマのおしゃべり ♥ cinema cafe 開催中！

＊イラストはガーデンズシネマでご覧ください

2010

半分の月がのぼる空

2010年7月24日

病弱な美少女。

それだけで映画のストーリーとしては完璧。

でもこれが、超・ワガママで高圧的だったりすると、我々女性は「なにさー、ちょっとかわいいからって」と憤慨する。

ところがどっこい、振り回されっぱなしの男子はなんと、『なんで俺がこんな事……』と、いやいや言う事を聞いているうちに、恋に落ちてしまうのです。

普通の少年・少女の成長物語…だけじゃないところがミソ。

シリアス・オンリーな演技の大泉洋と、明るさを添える濱田マリも見所。

深川栄洋 / 池松壮亮、忽那汐里、大泉洋 / 日本 /2010/IMJ エンタテインメント、マジックアワー

日本一小さなシネマ（?）で世界を見ませんか？　Moto

嗚呼　満蒙開拓団

2010 年 7 月 31 日

戦争体験者は、皆それぞれの悲しい記憶を持っている。

でも、満州に送られ、帰国できなかった人々は、長年にわたって、または現在も様々な苦しみを負っている。

そのような事があった事を知らなかったのは仕方ないけれど、せめて知ろうという努力はしようと思う。

羽田澄子 / 日本 /2008/ 自由工房

戦争の記憶を伝えていきたい。戦後 70 年。体験者の話をきいたり、本をよんだり、映画をみたり。あらゆることを続けていくべき。

2010

天国はまだ遠く

2010 年 9 月 4 日

ああっ、われらがローサちゃんが徳井にとられちゃうっ！

キャスティングを見たときにはそう思いましたが、実際は彼のぶっきらぼうな優しさがじれったくなっちゃうくらいイイ感じでした。完璧な旅館の朝食。

見た目はおそろしいけど、味は美味しいお蕎麦。

ほんとうにいいものを食べれば、人間の体は、心さえも回復できるのね。

長澤雅彦 / 加藤ローサ、徳井義実 / 日本 /2008/ 東京テアトル

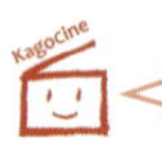

えいがに、あたらしい人との出逢いの、すてきな場
Thank You

ブライト・スター　いちばん美しい恋の詩

2010年10月2日

前略　ジョン・キーツ様。

私はあなたの事を有名な詩人ということしか知りませんでした。しかも、白髪の気難しいじいさまだとばかり思っていました。もしあなたがそうまで長命だったなら、あまたの称賛を浴び、また裁縫上手の奥様からは、フリフリの上着を何着もこしらえてもらえた事でしょう。

自分の才能を諦められぬままこの世を去った悲しくも偉大な芸術家の何と多い事か！

ご無礼をお詫びするとともに、あなたの時代より200年近くも経った今も、韻を踏み続ける若き詩人たちをどうか見守り続けてください。

かしこ

ジェーン・カンピオン／アビー・コーニッシュ／イギリス、オーストラリア/2009/フェイス・トゥ・フェイス

シネトモ　たくさんできますよ～♪

2010

ポー川のひかり

2010年11月6日

映画の冒頭、ショッキングな現代アート的シーンはよくイタリアで上映できたものだ、思ってしまったが、これこそエルマンノ・オルミ監督が長編映画最後の作品として訴えたかった事なのでしょう。

社会的地位も車も捨てた現代の「キリストさん」は、牧歌的なポー川のほとりで、何を得、そして村の人々に何を与えたのか…。

後半に出てくる「ポー川のひかり」は、あたたかい、けれど、ちょっとせつない。

エルマンノ・オルミ / ラズ・デガン / イタリア /2006/ クレストインターナショナル

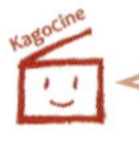

ガーデンズシネマの部活に来ると
ベラぼうにおいしいパウンドケーキが食べられる。　のほほん

小さな村の小さなダンサー

2010年12月18日

経済成長著しい中国。

しかし、いまだ様々な規制があり、社会主義思想と資本主義的発展のアンバランスさが不思議な国である。

いまでこそ日本文化も解禁となったが、数年前まではそれすら許されなかったのだから信じられない。

リー・ツンシンは貧しい農村出身ながら、良き師に恵まれ、自らの努力もあって海外に行くこととなる。

中国人は互いを「同志」と呼び合うが、リーはアメリカでほんとうの同志たちを得、彼らの尽力のおかげで自由を得る。

『リトル・ダンサー』とよく比べられるようだが、バリシニコフの『ホワイトナイツ―白夜』も観なおしたくなった。

ブルース・ベレスフォード / ツァオ・チー、ジョアン・チェン / オーストラリア /2009/ ヘキサゴン

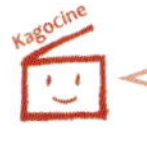

『小さな哲学者たち』。子どもたちがとにかく可愛かった。そして、彼らなりに物事を考えているところが興味深かった。　たるさん

2010年 上映作品リスト

牛の鈴音／夏時間の庭／バグダッド・カフェ／ヤング@ハート／ニューヨーク、アイラブユー／さつまおごじょ サザン・ガールズ・グラフィティ／扉をたたく人／アンヴィル！ 夢を諦めきれない男たち／やわらかい手／ずっとあなたを愛してる／赤い風船／白い馬／スイート・スイート・ビレッジ／英国王給仕人に乾杯！／ライアン・ラーキン路上に咲いたアニメーション／半分の月がのぼる空／嗚呼 満蒙開拓団／キャタピラー／天国はまだ遠く／やさしい嘘と贈り物／石原裕次郎特集［銀座の恋の物語／錆びたナイフ］／ブルー・ゴールド 狙われた水の真実／ブライト・スター いちばん美しい恋の詩／国際オーガニック映画祭［アフガンに命の水を ペシャワール会 26 年目の闘い／祝の島／土の世界から／あぶない野菜／石おじさんの蓮池／ヒト・ウシ・地球 バイオダイナミック農法の世界／食の未来 決めるのはあなた／eatrip］／ eatrip ／新しい人生のはじめかた／北辰斜にさすところ／イタリア映画祭［8 1/2 ／ぼくは怖くない／マルチェロ・マストロヤンニ 甘い追憶／トリノ、24 時からの恋人たち／ポー川のひかり］／韓国映画ウィーク［あいつはカッコよかった／悲しみよりもっと悲しい物語／あなたは遠いところに／グッドモーニング・プレジデント］／シルビアのいる街で／クリーン／瞳の奥の秘密／赤毛のアン グリーンゲーブルズへの道／小さな村の小さなダンサー

プチ・ニコラ

2011年2月12日

実写映画化って、難しい。原作のイメージを損なうことなく万人に受け入れられなければならない。サザエさん然り、ちびまるこちゃん然り。

プチ・ニコラはフランスで大ヒットしたところをみると、イメージどおりだったのでしょう。しかも、前述の日本のアニメにも共通したキャラをきちんとおさえてある。力自慢にガリ勉くん、金持ちの子、くいしんぼうにおふざけくんにダメダメくん。原作を知らなくても世界共通の無邪気な子供たちに懐かしい気持ちになる。

さらに、さすがフランス映画だけに、どこをとってもおっしゃれー。

30代・40代の元「オリーブ」少女たちには溜息がでるような家具やファッションがてんこ盛り。子供だけに見せるのはもったいないですぞー！

ローラン・ティラール / ヴァレリー・ルメルシエ / フランス /2009/ コムストック・グループ、フェイス・トゥ・フェイス

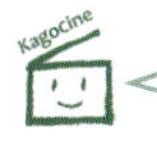

数多くある映画の中から自分の好きな映画をここで見つけられたら、しあわせです。

クレアモントホテル

2011年3月19日

最近、「無縁社会」という言葉をよく聞くようになった。人生の最後を孤独のうちに終えるか否か。人づきあいが苦手な現代の若者たちも、強い危機感を抱いているようだ。この映画の主人公、ミセスＰも青年ルードも例にもれず、自分の娘や孫、母親といった肉親とでさえよい関係が築けない。

でも、滞在するホテルの、同じ釜の飯ならぬ同じホテルのディナーを食べた住人たちとあたたかい絆をつないでいく。今から先の事を杞憂するより、それぞれが前向きに悔いのない日々を過ごしていくことこそが「無縁社会」とは無縁な社会をつくる第一歩なのでは、と、この映画を観て思った。

ミセスＰみたいにかわいいおばあちゃんになりたいなぁ。しかし、老婆は１日にしてならず。あんなに気品のあるおばあちゃんになるには今からの努力が必要だ。

ダン・アイアランド / ジョーン・プロウライト / アメリカ、イギリス /2005/ クレストインターナショナル

劇場の広さも ちょうど良く、癒されに通っています。
いつもありがとう。 Taru

パリ20区、僕たちのクラス

2011年3月26日

ちょっと、そこの女子、何先生に楯突いてんの！　例文の名前なんて、ビルでもアイサタでもいいじゃないっ！　まあ、生徒の人種が多岐にわたる様子をみればその屁理屈、わからんでもないし、人種問題で喧嘩になるくらいですから、先生方のご苦労も日本とはちょっと違うみたい。

しかし、その格好は何なの。アクセサリーはじゃらじゃら、男子までピアスしちゃって、個性を認めるのはいい事だろうけど、校則なんてないのね。

体ばっかりでっかくなっても精神的にはまだまだ揺れるお年頃。

小生意気な事ばっかり言ってても時には素直な可愛げのあるところもある。

基本的な所は世界共通なんだ。先生たちだって、迷いながらもそんな生徒たちを導いていく。リアルな教育現場がここにはあるのだ。

ローラン・カンテ / フランソワ・ベゴドーと24人の生徒たち / フランス /2008/ 東京テアトル

ありがとう！　ガーデンズシネマがあるマルヤ！

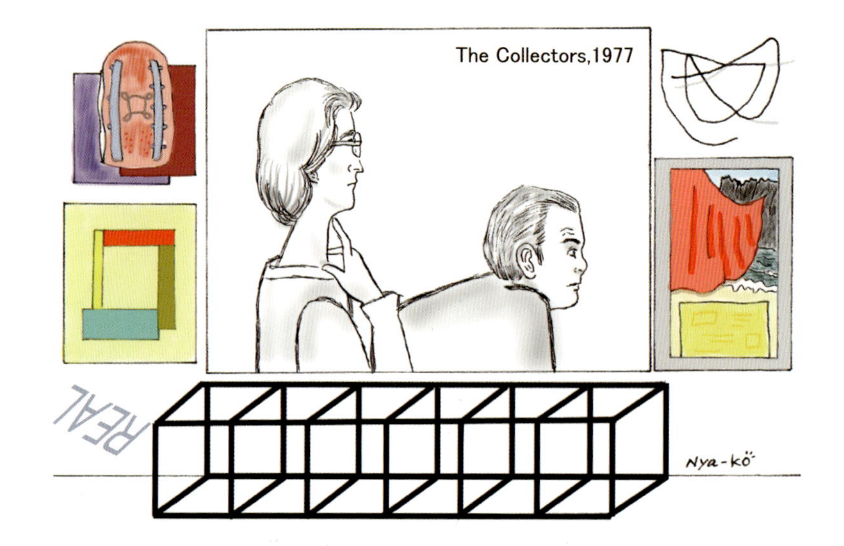

ハーブ＆ドロシー　アートの森の小さな巨人

2011年4月30日

コンセプチュアル・アート？　ミニマル・アート？

うーん。お絵描き好きの私にも、何がなんだか、わかりません。

でも、その作品が好きか嫌いか聞かれたら、答えられる。

ハーブとドロシーはそれがアートを選ぶ基準だと、やさしく微笑む。気に入った作品はたとえそれが針金だろうが逆さ文字だろうが立派な現代アートなのだ。

慎ましい生活、一般人のお給料で、しかも月賦でこつこつ買い集めたそういった作品がとんでもない値をつけても、決して手放さない。

アートに対する深い愛情と年をとっても消えることのない情熱は、現代アートの巨匠たちをも唸らせる。

何がほんとうの幸せなのか、審美眼とともに大事な価値観をも持ち合わせているふたりなのです。

佐々木芽生 / ハーバート&ドロシー・ヴォーゲル / アメリカ /2008/ ファイン・ライン・メディア、TSUMUGU

目指してます♪ハーブ＆ドロシー夫妻。こんな風に芸術を愛して楽しんで、年を重ねたい。　ササニシキ

白いリボン

2011年5月21日

第一次世界大戦前。一見ごくありきたりの美しい農村に起こる不可解な事件の数々。だが、問題は解決せず、いつも犠牲になるのは使用人たち弱者であり、口答えすらできない。

そういう理不尽な大人たちを目の当たりにしながらも、厳格な親からは躾のためと鞭で罰せられ、多感な少年少女たちの心は傷つき、歪んだ感情に支配されてゆく。それにひきかえ、何も知らない幼い弟たちは無垢で純真なままだ。

色々と考えさせられる映画だったが、あの時代のせいだったと片付ける事はできない。DVも児童虐待も、今でも深刻な社会問題なのだ。しかし、現代っ子のはずの子供たちの繊細な演技には驚かされた。モノクロだったせいか、当時の映画を見ているようだった。

ミヒャエル・ハネケ / クリスティアン・フリーデル / ドイツ、オーストリア、フランス、イタリア /2009/ ツイン

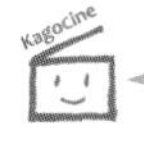

サンキュー★39席のシアター、バンザイ !!　G.U

台北の朝、僕は恋をする

2011年6月18日

台北（タイペイ）なのに、（タイホク）って読んじゃったヨー。恥ずかしい。

ぱっと見草食系、ちょっと頼りなげなカイと、行動力抜群、キュートなスージーのドタバタな一夜を軽快な音楽とともにお楽しみください。

何といっても台北の街の魅力が満載。

ほかほかつるんと茹であがった水餃子のおいしそうなこと！　食いしん坊の私はつい、屋台の活気に目を奪われてしまう。

人混みの中で繰り広げられる追いかけっこ。悪人もなぜだか憎めない。警察もなんだか間抜けで、何よりカイの親友カオがいいユル感を醸し出している。

大団円とはこの事を言うのかっ、というラストシーンも微笑ましい。

台湾にはいつか行ってみたいと思っていたが、まずはタイペイに行かねば！では、早速書店で中国語の本を…。

アーヴィン・チェン / ジャック・ヤオ、アンバー・クォ / 台湾、アメリカ /2009/ アミューズソフト、ショウゲート

『誰かがあなたを愛してる』。海辺のキャビンで、ひたすら可愛いあの娘をまちつづけるうちに…ジジイになってしまった。『誰かがあなたを愛してる』のようにはいかない。ザンパノさん

約束の葡萄畑　あるワイン醸造家の物語

2011年7月9日

「今年はワインの当たり年だね」

多分、シャトーのワインだろうが、テーブルワインだろうが、味が分かるわけでもないのに、軽々しく口にしていた言葉。今日からは言えないなぁ。

ワイン醸造家にとっては死活問題。まさしく天国か地獄かの分かれ道。

天使を味方につけ、自信満々なソブランだが、彼は奇跡を起こしてくれるわけでもなく、ただ彼とそのワインを見守り続ける。そして、後にびっくりするような大胆な行動にでるのだが、ネタばれなので、言一わないっと。

ソブラン、その妻、男爵夫人、天使。それぞれの間には必ず葡萄畑が。

ワイン醸造にかける情熱は今も世界中で繰り広げられているのだろう。

スモーキーとかナッツの香りだとか、味も表現もわからないけど、ワインを一口含んだだけで、作り手の心情までおもんぱかれるには、何杯、いや、何本飲んだら到達できるんでしょうねえ。

ニキ・カーロ / ジェレミー・レニエ、ギャスパー・ウリエル / ニュージーランド、フランス /2009/ 東北新社

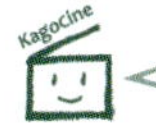

ジュリエットからの手紙

2011年8月27日

今年のお盆休みはただの三連休。

休暇の延長をカラオケの時間延長並みに簡単にやっちゃう主人公をうらやましいと思いつつ、疑似旅行体験。

イタリア旅行中に50年前の恋人探しを手伝うことになったソフィ。

その過程を記事にしようという目論見もあるちゃっかり者のアメリカ娘だ。過去の恋を忘れられず孫同伴でイタリアに乗り込んだイギリスの老夫人クレア。老人なのにイタリア男にもてまくる。っていうか、イタリアの男たちはあきれるくらい女性に対して貪欲だ。さて、一行は昔の恋人ロレンツォを見つけることができるのか？ そしてソフィ自身もこの旅をとおして成長していくのだ。美しいイタリアを背景に、なんだけど、いかにもアメリカ映画的爽快さ。あー、やっぱ、どっか行きたくなっちゃったなー。

ゲイリー・ウィニック / アマンダ・セイフライド / アメリカ /2010/ ショウゲート

全米が泣いた…！　いや、私が泣いたり、考えたり、笑ったりすれば良いんです。

蜂蜜

2011年10月3日

主人公ユスフは超・父ちゃんっこ。父を誇りに思い、どこにでもついて行きたがる。秘密も二人で分かち合う。

養蜂家の父を手伝うキラキラとした瞳の輝き。目がくりんくりんして表情が豊かでほんとうにかわいい。

言葉を失い、本もろくに読めない。でも、気丈に夫の帰りを待つ母を支えようとする姿は健気で痛々しい。

音楽もなく、効果音もない、自然の音そのものを使っている。だからこそこの映像美が生かされているんだなぁ。美しすぎて、ちょっと気が遠くなるぞ。

セミフ・カプランオール / ボラ・アルタシュ / トルコ、ドイツ /2010/ アルシネテラン

近頃は支配人黒岩さんの前説を聞かないと映画を見た気がしない体になっちゃった。　のほほん

2011

ミラル

2011年10月22日

イスラエル・パレスチナ紛争。いまだに解決できない問題。長い歴史の中で続いてきたからこそ、根が深い。それぞれの立場での言い分もどちらもわからないではない。でもそこでいつも犠牲になるのが市井の人々。親を殺された孤児たちを引き取り、愛と教育をもって育てるのは、ヒンドゥ・ホセイニ。

子供たちから、敬愛の情をこめて、「ママ・ヒンドゥ」と呼ばれる（字幕には表記されてないから、よく聞いてね！）。少女ミラルはその中で、様々な過酷な体験をとおして、その名のとおり、美しい花を咲かせていく。父と娘の愛、ヒンドゥとの師弟愛。どちらも本気でぶつかりあいながらも深い絆でむすばれていく姿にじんとくる。実話を基にしたこの作品は、実際の映像も交え、次世代の若者たちに希望を託す物語だ。お互いを尊重しあい、共存できる日が一日も早く訪れますように！

ジュリアン・シュナーベル / フリーダ・ピント / フランス、イスラエル、イタリア、インド /2010/ ユーロスペース、ブロードメディア・スタジオ

いろいろな人と出会って、おしゃべりする楽しみがあります。
外国からのお客様にも会えたりして。　M

ショパン　愛と哀しみの旋律

2011年11月21日

「病弱な天才はモテるのよ」

さすが、ジョルジュ・サンド、恋人ショパンを評してこう言うかぁ。

あの時代、作曲家やピアニストはアイドル的存在だったんでしょう。

あんなにドラマチックで繊細なピアノをぽろろんと側で弾かれちゃったら、女子はイチコロでしょう。しかもあの優男っぷり。

しかし、病弱だとわかってショパンをポイ捨てするなんて、ジョルジュはなんてひどい女だと常々思っていました。この映画を観ると彼女なりの事情もわかって、意外と苦労人だったんだなー、と、ちょっと同情。

二人の愛の物語を彩る名曲の演奏中の回想シーンやイメージは、まさしく映像の幻想即興曲やー！　映画ファンのみならず音楽ファンの皆様もどうぞご堪能ください。

イェジ・アントチャク / ピョートル・アダムチク / ポーランド /2002/ ショウゲート

ジョルジュ・サンドみたいに生きるのって、パワーいるよね～。
芸術家同士の恋愛って大変です！

クリスマス・ストーリー

2011年12月17日

大女優カトリーヌ・ドヌーヴ様。

いくつ年を重ねようが、ちょっとぐらい太ろうが、そこいらの若いモンとはくらべようのない美しさ。日本人女優でいえば、松坂慶子さんあたりイイ線いっているのではないでしょうか？

父親似の娘キアラとの共演も楽しみなこの映画。日本人がほんとうに味わったことのない本格的なクリスマスの情景が楽しめます。

楽しいファミリー・クリスマスだけでは終わらないのがさすがのフランス映画。それぞれが様々な思いを胸に抱き日々を過ごしているのです。

その中心にいつもいるのが、ゴッド・マザー。

艶やかで、朱赤がお似合いの感じを出したかったのですが、画力不足だなあ。来年の課題といたしましょう。

アルノー・デプレシャン / カトリーヌ・ドヌーヴ / フランス /2008/ ムヴィオラ

クリスマスに観たくなるのは『素晴らしき哉、人生！』。
読みたくなるのは井原慶一郎先生訳『クリスマスキャロル』。　M

2011年 上映作品リスト

小三治／ブリジット・バルドー生誕祭［素直な悪女／裸で御免なさい／殿方ご免遊ばせ／世にも怪奇な物語］／パーマネント野ばら／川の底からこんにちは／シスタースマイル ドミニクの歌／ドアーズ まぼろしの世界／パティ・スミス：ドリーム・オブ・ライフ／プチ・ニコラ／海炭市叙景／ただいま それぞれの居場所／ツヒノスミカ／ネコを探して／冬の小鳥／ぼくのエリ 200歳の少女／クレアモントホテル／森聞き／パリ20区、僕たちのクラス／トイレット／石原裕次郎特集 vol.2［乳母車／夕陽の丘］／ヘヴンズ ストーリー／100歳の少年と12通の手紙／信さん 炭坑町のセレナーデ／Ricky リッキー／ハーブ&ドロシー アートの森の小さな巨人／ヤコブへの手紙／悲しき天使／白いリボン／冷たい熱帯魚／幻の光／ワンダフルライフ／台北の朝、僕は恋をする／トスカーナの贋作／玄牝／うまれる／ブンミおじさんの森／約束の葡萄畑 あるワイン醸造家の物語／森崎書店の日々／チャンドマニ モンゴルホーミーの源流へ／180° SOUTH／100,000年後の安全／奄美のユタ／権現祭／ひめゆり／二重被爆 語り部・山口彊の遺言／樺太1945年夏 氷雪の門／無常素描／海洋天堂／ジュリエットからの手紙／ダンシング・チャップリン／JAZZ爺MEN／死にゆく妻との旅路／赤い靴／ソウル・キッチン／幸せの太鼓を響かせて～INCLUSION～／ナンネル・モーツァルト哀しみの旅路／国際オーガニック映画祭［セヴァンの地球のなおし方／やぎの冒険／オーガニック映画祭短編／フード・インク］／木洩れ日の家で／蜂蜜／東京公園／クラシコ／黄色い星の子供たち／メアリー&マックス／エッセンシャル・キリング／ミラル／劇場版神聖かまってちゃん ロックンロールは鳴り止まないっ／流れる雲よ／アメイジング・グレイス／おじいさんと草原の小学校／よみがえる琉球芸能 江戸上り／建築CINEMA映画祭［ようこそ、アムステルダム国立美術館へ／死なない子供、荒川修作］／行け！男子高校演劇部／チェルノブイリ・ハート／ショパン 愛と哀しみの旋律／小さな町の小さな映画館／ちいさな哲学者たち／未来を生きる君たちへ／クリスマス・ストーリー／あしたのパスタはアルデンテ／香港電影旋風SPECIAL［『男たちの挽歌』シリーズ、『ワンス・アポン・ア・タイム・イン・チャイナ』シリーズほか18作品］

ラビット・ホール

2012年1月21日

ニコール・キッドマンという女優はあまり好きではなかった。

その美貌を武器にトム・クルーズまでをも踏み台にして、ステップアップというよりまさしくのしあがってきた感がありありだったからだ。

今回の映画『ラビット・ホール』は初めての製作と主演に挑み、ニコールの野望が満々かと思いきや、息子を失った喪失と再生を丁寧に繊細に描いた、小粒の宝石のようないい映画だった。

特に小石のエピソードはなるほどと納得させられた。ダイアン・ウィーストもさすがの演技（私は彼女のふにゃっとした笑顔が好き）。

薄化粧で普通の主婦を演じきったニコールには文句のつけようがない。

美貌と演技力、製作の手腕と高みに登り続ける彼女をこれからも見届けてやろうじゃないの！

ジョン・キャメロン・ミッチェル / ニコール・キッドマン / アメリカ /2010/ ロングライド

カップホルダー完備！　ご自由にお使いください。

幸せパズル

2012年2月18日

主婦マリアはプロフェッショナルな主婦だ。料理の腕は抜群。家の中もセンス良く清潔感に溢れている。日々かいがいしく働き、夫の会社の伝票整理だってささっとやっちゃう。でも、それだけでいいの？　当たり前のようにこきつかわれ、育て上げた息子たちは自分勝手に巣立っていくのだ。そんな彼女が偶然見つけたパズルの才能。その世界に足を踏み入れ、見つけたパートナーはロマンスグレーの富豪ロベルト。イケメンで優しく、旦那とちがって髪だってふさふさである。できすぎの展開によろめくマリア。さあ、どうする！　人間だれでも何かひとつ打ち込めるものがあるのはいい事だ。主婦じゃなくてもサラリーマンだって、リタイアした後、何をする？　みんなそれぞれ幸せになれる物を見つけよう！

ナタリア・スミルノフ / マリア・オネット / アルゼンチン、フランス /2010/ ツイン

パズルの競技会ってあるんだ!!
人生もパズルみたく決まってたら、楽なのかな…。

灼熱の魂

2012年3月24日

灼魂（しゃくたま）ワールドへようこそ。ここは迷路のような中東の裏路地の世界。物語はある母の死から始まる。双子の姉弟への遺言、それは父と兄を探す事。いままで愛情を注いでもらった覚えのない母からの無理難題を拒否する弟はほんと情けない奴。母似の姉はカナダから遥か中東へと単身旅に出る。出身地しか知らなかった母のルーツを探すうちに驚くべき生涯が明らかになる。歌う女と呼ばれた母は一体何者だったのか？ 国民的人気歌手でなかった事だけは明らかだ。弟を呼び出し、兄の痕跡を探すうちにあぶりだしのようにじわじわ現れる父の存在。旅を終え、帰国した二人は…。観終わった後も気になってしょうがない。「姉は数学者の道に戻れるのか」「双子が水に親しむのはこういう事だったのか」「この双子、仲、良すぎない？　考えすぎ？」。母と兄はお互いただ会いたかっただけなのだ。最後の手紙の言葉が胸を打つ。

ドゥニ・ヴィルヌーヴ / ルブナ・アザバル / カナダ、フランス /2010/ アルバトロス・フィルム

ドキュメンタリーをたくさん上映して下さい。
『リヴァイアサン』と想田作品をキボンヌ。　タダリホカマロ

明りを灯す人

2012年4月28日

キルギスって全く馴染みのない遠い国だけど、主人公の明り屋さんは、中村嘉津雄似で、まるで江戸っ子気質のええおっちゃん。なんだか親近感がわいてくる。村人たちのために儲けも度外視で電気工の修理に奔走している。そんな彼を村人たちも慕う。不思議と美人の奥さんも彼にぞっこんだ。

牧歌的な風景、荒れた土地で慎ましく暮らす人々の中に都会からやって来たベクザットは国会議員に立候補し、村を変えようと画策。明り屋さんもその渦中に巻き込まれていく。中国人出資者まで連れ込んでくるあたり、リアル感が満点。あんな民族帽もかぶらない都会の絵の具に染まった奴に村を乗っ取られちゃいかん！　政治や経済状況が不安定な国家のなか、おしつけがましくもなく、淡々と村の生活を描いている。脈々と続く騎馬民族の伝統もキルギスの誇り。変わらざるを得ない昨今の情勢のなか、未来に希望を灯す映画だ。

アクタン・アリム・クバト／アクタン・アリム・クバト／キルギス、フランス、ドイツ、イタリア、オランダ／2010／ビターズ・エンド

大型映画館にはないドキュメンタリーや、楽しくユニークな作品を公開してくれるので、いつも楽しみにしています。これからも、色々な作品を観たいです。たくさんの人に観に来て欲しいです。

昼下がり、ローマの恋

2012年6月2日

イタリア人の恋愛テンションの高さは異常だ。半ば呆れながらも見入ってしまった。とあるアパートの住人たちが繰り広げる恋模様が三話。老いも若きも恋にのめり込む。それぞれくすっと笑いを交えながらも愛と人生を語るが、やはり、デ・ニーロとモニカ・ベルッチの共演は見ものだ。デ・ニーロにここまでやらせるか（汗）…しかも本人楽しそうに演じているし。イタリアの至宝と謳われたモニカ嬢を相手に、どんな「デ・ニーロ・アプローチ」をするのか、イタリア男性顔負けのくどき文句、そのお楽しみは後半におあずけ、なのだ。考古学専門の教授という今回の役どころ、こんな教授、いるかなあ？　と思っていたら、つい先日、デ・ニーロ氏、米・ベイツ大から美術の名誉博士号を授与されたとのこと。あまりにもタイムリーでびっくり。米・仏・伊の3カ国語もの台詞もこなす、おみそれしました。あっぱれ役者人生！

ジョバンニ・ヴェロネージ / ロバート・デ・ニーロ、モニカ・ベルッチ / イタリア /2011/ アルシネテラン

種子島の坂口さんの映画もう上映はしないのですか？
観れなかったから。

人生はビギナーズ

2012年7月21日

「私はゲイだ」。余命いくばくもないとはいえ、好き勝手したい放題で、さっさとあの世に行ってしまうとは、ひどい父親だ。こら、オリヴァー！ 何とか言いなさい！ 自分の存在価値さえも見直さざるを得ない息子の立場なんだから、怒っていいんだよ！ だのに、父のゲイを受け入れ、手厚い介護をし、看取り、いい奴なんだなぁ。いい奴なのに、独身なんだなぁ。個性的な両親、特にエキセントリックな母親の影響か、風変わりな女の子、アナと恋に落ちる。人と深い関わりをもつのが苦手な二人は果たしてうまくいくのか？ ジャック・ラッセル・テリアのアーサーも心配してどこにでもついて行くよ。思い出して！ 病の床につきながらも息子を案じる父の言葉を。実践した彼なりの愛に溢れた最後の生活を。人生やり直すには、えいや！と、踏み出す勇気が必要だけど、年甲斐もなく、えいや！と落書きするのだけはやめたほうがいいよ。

マイク・ミルズ / ユアン・マクレガー / アメリカ /2010/ ファントム・フィルム、クロックワークス

やり続けるほど、確かなものはない。　アル

2012

ル・アーヴルの靴みがき

2012年9月1日

アキ・カウリスマキ監督作品初体験。名匠と言われるお方だけに、敷居が高いのではないか、難解でついていけなかったらどうしようと、食わず嫌いなところがあったが、人情味溢れるええ話に、山田洋次的江戸っ子の心意気みたいなものを感じてしまった。靴磨きのマルセルが偶然出会った不法移民の少年イドリッサ。警察の追手から逃れながらも母親のもとへ行こうとする少年に手助けを惜しまない近所の人々。パン屋や飲み屋のどこにでもいるおばちゃんたちが菩薩様のように見えてくる。マルセルも少ない稼ぎをつぎ込み、資金や情報を集める行動力はただの靴みがきにしておくにはもったいない。そこに立ちふさがるしつこい警視モネ。ああ、どこの世界にもこういう警官はいるんだと笑っちゃうけど、ほんと、スキャットマン・ジョンにしか見えない。厳しい現実の中でも優しさと希望を忘れない市井の人々を描く、まさに名匠だ。

アキ・カウリスマキ / アンドレ・ウィルム / フィンランド、フランス、ドイツ /2011/ ユーロスペース

現実逃避にインスピレーションに、心の拠り所です。
ありがとう。 亜

ヴィダル・サスーン

2012年10月6日

ルイ・ヴィトンといえば鞄、ハリー・ウィンストンといえば宝石、そしてヴィダル・サスーンといえばシャンプー。もはや人名とは思えないこれらの創始者たち。今回は日本にもお馴染みのヴィダルのドキュメンタリーである。孤児院育ちながらハサミ一つで世界を変えた男。それはやはり人並み以上の努力と、鋼のような信念のうえに成り立っていた。お客の要望は聞かずそれぞれの骨格や髪の流れで髪形を決める強引なやり方だが、今でも木村カエラとか似合いそうなモード感。ただのおかっぱとはわけが違う。成功してもなお、自分を律し続ける姿勢には感心する。一時期TV出演とかやりすぎた時期もあったが、色んなものが削ぎ落とされた82歳のヴィダルが一番かっちょいい。彼だからこそ言える励ましの言葉に、よし、私も鉛筆1本で世界を変えるぞ、と思ってしまうのは同じ誕生日（1/17）だからかな？　今年5月の死去が悔やまれる。

クレイグ・ティパー / ヴィダル・サスーン / アメリカ /2010/ アップリンク

東京ではあちこち観に行かないといけないけど、
一カ所で観れるので助かってます。

2012

三重スパイ

2012 年 11 月 10 日

1930 年代、第二次世界大戦前のパリ。ロシア革命に敗れ、亡命してきた将校フョードル。ギリシャ人の妻アルシノエと共に慎ましい生活を送っていた。その時代、急進的共産主義や、ピカソなどの前衛芸術等、めまぐるしい変化に対応できない二人。勤務する在仏ロシア軍人協会は、亡命時に持ち出したお宝が底をつき、会計は火の車となっていた。職業柄情報通となっていたフョードルはそんな夫婦の将来のためにもと、様々な組織と接触することになる。アルシノエはそんな夫の不審な言動に翻弄され、疑心暗鬼になってゆく。実際のスパイ活動もハラハラするアクションも皆無の会話劇。ロメール的セリフの応酬に「こんなお喋りなスパイ、おるんかいな？」と、つい心の中でツッコミを入れてしまう。アルシノエのファッションも素敵。特にてろんてろんの寝間着姿に目が釘付け！　佐藤 B 作と麻実れいの舞台化ってぴったりかも！

エリック・ロメール / カテリーナ・ディダスカル / フランス /2003/ 紀伊國屋書店、マーメイドフィルム

小さな映画館はすてきな社交場でもあります。

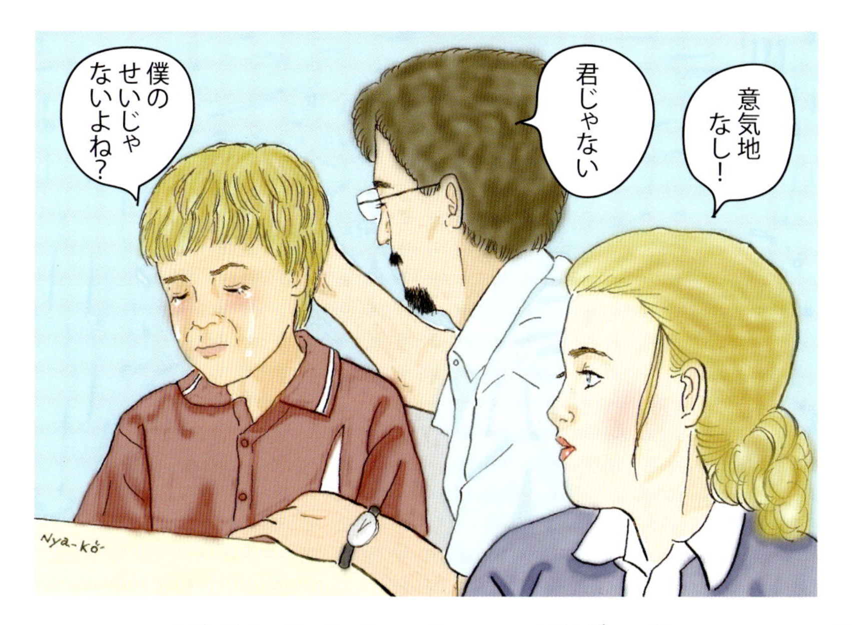

ぼくたちのムッシュ・ラザール

2012年12月22日

新任の先生、ムッシュ・ラザールはさえない中年男。日本にもいるいる、健康サンダルを愛用していそうな野暮ったい先生。授業内容も時代遅れで生徒に指摘され、立場がない。しかし、彼のクラスは普通じゃない状態にある。前任の女教師があろうことか、教室で首つり自殺をしてしまったのだ。生徒たちのPTSD対策に特別にカウンセラーまでつけ、担任なのにムッシュ・ラザールは出る幕がない。現在の学校教育は、体罰NGは勿論のこと、ハグもやってはいけないのか！　どうやって生徒の傷ついた心を癒していくというのだ？　日本でもありがちな教育現場の現実、親の介入。悩みながらも生徒に教えなければならない勉強以上の事をムッシュ・ラザールは教えてくれる。それはあまりにも過酷な彼の体験があればこそなのだ。きかん坊シモンの繊細な心、大人びたアリスのほんとうに賢いこと！じんわり涙を誘うのです。

フィリップ・ファラルドー / フェラグ / カナダ /2011/ ザジフィルムズ、アルバトロス・フィルム

ガーデンショウチノスケ。映画が栄華に成るように。
東洲斉★写楽

2012

みんなで一緒に暮らしたら

2012年12月29日

高齢化社会が進む昨今。様々な問題を抱える年寄り五人組が一緒に暮したらどうなるか？　いくら仲がいいとはいえ、そう簡単にうまくはいかないものだ。ともすれば深刻になりがちなテーマを茶目っけたっぷりに、フランス映画らしく男女の問題もからめた映画だ。最近姿を見ないと思っていたジェーン・フォンダ。チャップリンの長女ジェラルディンと共に皺が増えちゃって、寄る年波には勝てないもんだ、と思いきや、さすが、背筋はピンと伸びて歩き方もかっちょいい。日ごろのワークアウトの賜物だろう。髪の毛先一本から手を抜かないヘア・メイク、素敵なファッション。常に時代の先端を突っ走っていたジェーン。いまでも立派に高齢者の最先端を軽やかにしなやかに、走り続ける姿は美しい。世話役に雇った青年にまで粋な計らいをするあっぱれな終活ぶりもお見事。父・ヘンリーの晩秋とは一味違う彼女らしさがいい。

ステファン・ロブラン / ジェーン・フォンダ / フランス、ドイツ /2011/ セテラ・インターナショル、スターサンズ

ガーデンズシネマさん。小さなすてきな映画館で一人の時間を持てることが1カ月に数回の楽しみです。ありがとう。

2012年 上映作品リスト

酔拳 レジェンド・オブ・カンフー／人生、ここにあり！／ヒロシマ・ナガサキ ダウンロード／一枚のハガキ／ペーパーバード 幸せは翼にのって／アンダーグラウンド／ラビット・ホール／ジョン・レノン，ニューヨーク／ジョージとタカオ／ホーボー・ウィズ・ショットガン／幸せパズル／ハラがコレなんで／マーガレットと素敵な何か／ひなぎく／孔子の教え／エンディングノート／アンダンテ ～稲の旋律～／ちづる／灼熱の魂／家族の庭／ロンドン・ブルバード／大津波のあとに／槌音／ブリューゲルの動く絵／カリーナの林檎 チェルノブイリの森／アンダー・コントロール／ミラノ、愛に生きる／吉祥寺の朝日奈くん／月あかりの下で ある定時制高校の記憶／明りを灯す人／天国の日々／ポエトリー アグネスの詩／フラメンコ・フラメンコ／ルルドの泉で／エル・ブリの秘密 世界一予約のとれないレストラン／無言歌／昼下がり、ローマの恋／11.25 自決の日 三島由紀夫と若者たち／別離／恋と愛の測り方／CUT／台湾映画祭［父の初七日／台北カフェ・ストーリー］／海燕ホテル・ブルー／セイジ 陸の魚／汽車はふたたび故郷へ／最高の人生をあなたと／がんばっぺ、フラガール！ フクシマに生きる。彼女たちのいま／人生はビギナーズ／ピナ・バウシュ 夢の教室／マイティ・ウクレレ／今日と明日の間で／friends after 3.11／原爆の子／わたしたちの夏／核の傷 肥田舜太郎医師と内部被曝／マクダルのカンフーようちえん／タンタンと私／少年と自転車／SR サイタマノラッパー／SR サイタマノラッパー2 女子ラッパー☆傷だらけのライム／SR3 サイタマノラッパー ロードサイドの逃亡者／京都造形芸術大学学生作品特集／ル・アーヴルの靴みがき／KOTOKO／新しき土／王朝の陰謀 判事ディーと人体発火怪奇事件／サウダーヂ／ベイビーズ いのちのちから／国際オーガニック映画祭［地球にやさしい生活／モンサントの不自然な食べもの／種まく旅人～みのりの茶～／第4の革命 エネルギー・デモクラシー／飯館村］／普通に生きる／きっとここが帰る場所／オレンジと太陽／ヴィダル・サスーン／ブラック・ブレッド／星の旅人たち／eatrip／韓国映画特集［アリラン／トガニ 幼き瞳の告発／チョン・ウチ 時空道士／超能力者］／小さなユリと／フランス映画未公開傑作選［刑事ベラミー／三重スパイ／ある秘密］／建築CINEMA映画祭［モバイルハウスのつくりかた／鬼に訊け 宮大工・西岡常一の遺言］／キリマンジャロの雪／「わたし」の人生(みち) 我が命のタンゴ／屋根裏部屋のマリアたち／夏の祈り／ニッポンの嘘 報道写真家 福島菊次郎90歳／バレエに生きる パリ・オペラ座のふたり／世界のアニメーション～伝えたい物語～［木を植えた男／クラック！／アズールとアスマール／つみきのいえ］／ぼくたちのムッシュ・ラザール／みんなで一緒に暮らしたら／メリエスの素晴らしき映画魔術＆月世界旅行

Essay あてのない映画館

まだ見ぬ自分に出会うため、あてのない旅をする人は多いはず。では、なぜ映画は選り好みばかりして、「あてのない映画」を見ようとしないのですか、映画は心の旅路ですよ…。

そう教えてくれたのが、あてのない映画を上映するあてのない映画館、「ガーデンズシネマ」でした。

約一年前、単身赴任で鹿児島にたどり着いたとき、この映画館はかなり不親切でした。何しろ、忙しい現代社会に生きているお客様のスケジュールなど一切お構い無しの「二日間限定」プログラムも珍しくなく、結局、お客様が空いている時間に上映している映画を観させていただきに行く、という本末転倒主客逆転興行だったからです。しかし、このお客様の空いている時間は少ないのに、空いている空間（座席）が多いという日本一小さなあてのない映画館に、奇妙な魅力を感じながら、潜り込んでみました…。

ガーデンズシネマ支配人黒岩さんとの腐れ縁、黒岩さんという人の長年の勘と経験で選りすぐりの映画が用意されてはいるけれど、結局は、当たるも黒、当たらぬも黒（笑）。映画は本と違って観はじめたら止まってくれないから、2時間は選ばれた映画に身を任すしかありません。しかし、何日か通い続けているうちに、とうとう、まだ見ぬ自分に出会えてしまったのです。新鮮な歓び～1985の台北・ウェールズ～1957のシェルブール～深い哀しみ～1962のポーランド～2012のガーナ・ブルックリン～地に足のついた希望～1916のアカバ～幕末ニッポン～2011フクシマ～信仰のない祈り～1977ダッカ～高知に小豆島にアルプスにアンナプルナに～力強い解放感～1945のレイテ・芦別…*(注)。そして、映画を観終えると、しばし黒岩さんと感想を話し合い、ぶつけ合い、巡りめぐって、「あてのない映画」は、同行二人の「あてのない旅」になっていました…黒岩さんとの腐れ縁…。

今夜もあてのない映画館で、セレクト作品に2時間託してみましょうか。

丁と出るか半と出るか、右か左か山か街か、淫らな聖母か高貴なデリヘルか、父を殺すか母に喰われるか、神かホットケーキか不条理か、ハタマタ希望か絶望か。ドアを開けるか、留まるか…。

6周年、おめでとうございます。益々、あてのない映画を提供し続けてください。

こよなく映画を愛するゲンさん

*(注) 全てガーデンズシネマで上映された映画にちなんだwordsです。みなさんで判別してください！

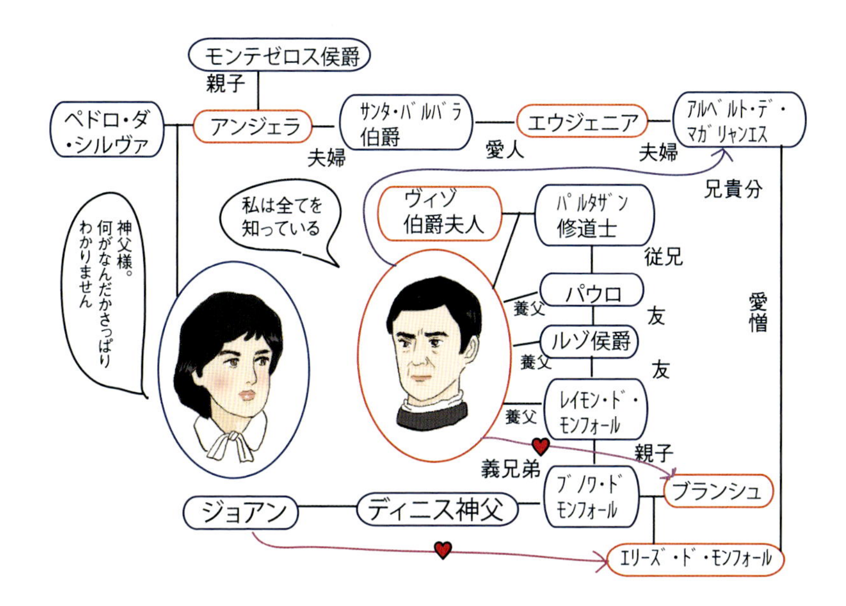

ミステリーズ　運命のリスボン

2013年2月16日

オープニングからみせてくれる。ポルトガルの青いタイル、アズレージョに映画の場面が焼きつけられ、とってもキレイ。リスボンの修道院に暮す少年ジョアンは孤独な日々を過ごしていたが、やがて大きな運命の波にのまれていく。両親が次男・次女だったばっかりに、結婚を許されず、親子も離れ離れになる。とにかくそれを助けてくれるのが、ディニス神父である。この神父さまは行動力があって、実に頼もしい。こんな人がロミオとジュリエットの神父様だったら、悲劇は起こらなかったろうな、と、思わせるほどだ。また、彼自身もいろんな秘密をもっている。出生の秘密のオンパレードで、観る者をぐいぐいと引き込んでいく。登場人物も多いが、当事者の親の代まで話が遡るので、そりゃあ4時間26分はかかるでしょう。観終わっておしりが痛いのにびっくりする。あっという間のタイムスリップをお楽しみください。

ラウル・ルイス / アドリアヌ・ルーシュ / フランス、ポルトガル /2010/ アルシネテラン

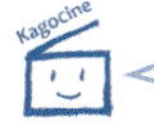

MFM（マイフェイバリットムービー）は『永遠の子どもたち』と『ジャイアンツ』　MY

2013

二郎は鮨の夢を見る

2013年3月9日

日頃から尊敬する小野二郎さんのドキュメンタリー映画が見られるなんて、幸せいっぱい、よだれもいっぱい。今回は二郎さんご本人だけでなく、二人の息子さんや店のお弟子さんたちの様子も興味深く描かれている。師弟制度など、アメリカ人監督には特に珍しく映ったことだろう。偉大な父を追い続ける息子たちの日々の努力。毎日の細かく丁寧な仕込みをする弟子たち。カステラみたいなたまごやきのおいしそうな事！　世界中で鮨が食べられるようになり、乱獲によるネタの品不足を憂う二郎さん。築地の活気ある様子も映し出され、鮨しか受け付けない体になってしまった。二郎さんがしょうゆを塗り塗りしてくれた鮪のにぎりを食べてみた〜い！　たまにカウンターで鮨を食べると、私のあまりの食べっぷりに、「シャリ、大きく握りましょうか？」と、板さんに気を遣わせてしまう。私も山本益博さんから、食べる修行を受けなければ！

デヴィッド・ゲルブ / 小野二郎、小野禎一 / アメリカ /2011/ マグノリア・ピクチャーズ、トランスフォーマー

『桜島早春』。親しみと希望にあふれ喜んでいます。
城山つばめ

アルバート氏の人生

2013年3月16日

えっ？　これがグレン・クローズ？『危険な情事』の悪女役や、『101』のクルエラ役で、世の男どもやわんちゃんたちを震撼させたとは思えない変貌ぶり。身についたあくを抜きまくり、女性ホルモンまでも削ぎ落とし、まるで、イソップ童話の『金の斧』の泉にぼちゃんと放り込んで、良いグレン・クローズを出してもらったかのようだ。生きるためにやむを得ず男として生きる道を選んだアルバート。ウェイターとして日々を慎ましく、ちいさな夢を追って生きている。そこへ現れた塗装屋のミスター･ペイジ。このペイジ氏がとにかく男前で惚れる〜。彼から様々な影響を受け、いよいよ夢の実現へと漕ぎ出すのだ。少しずつ、着実に、こつこつと前進しつづけるアルバート。人生のかなしみ、おかしみがじんと胸に沁みる。そして、惜しくもアカデミー賞は逃したものの、演技にかけるグレン・クローズの並々ならぬ執念を感じるのだ。

ロドリゴ・ガルシア / グレン・クローズ / アイルランド /2011/ トランスフォーマー

『野火』。伊佐から見に来ました。日本が２度と戦争に向きませんように…。人の心の汚さも教えられました。来てよかったです。

恋する輪廻　オーム・シャンティ・オーム

2013年5月4日

『ムトゥ・踊るマハラジャ』以来のインド映画である。この手の映画で不服だったのは、主人公が吉幾三風のおっさんだという事である。今回は、三枚目ではあるが、V6の岡田准一くん系の兄ちゃんだったので、まあ、良かった。彼の踊りは是非大画面で。水揚げしたての鮮魚のようなぴちぴち、ムキムキっぷりは必見である。びっくりしたのは、インド女性の垢ぬけっぷり、というか、ギャル化というか。こりゃアメリカ娘と変わらないぞ。ハリウッドならぬボリウッド。アメリカナイズされたインド芸能界の煌びやかなこと。これはお堅い事抜きで、たのしまなきゃ損、な映画だ。インド音楽が頭に張り付いて離れない。歌詞がわからなくても、適当に歌えばいい。さあ、みなさん、手を上にあげて、♪な〜んちゃ〜ら、かんちゃ〜ら、オーム・シャンティー・オーム♪　お茶目な女性監督が最後まで楽しませてくれますよ。

ファラー・カーン / シャー・ルク・カーン / インド /2007/ アップリンク

『恋する輪廻』。『ムトゥ・踊るマハラジャ』と違って、あっという間の3時間です。インド映画も進化してますね！踊りと歌も楽しい!! サントラ欲しいー。　カンウさん

愛について、ある土曜日の面会室

2013年5月25日

受刑者との面会。もし恋人が罪を犯し、刑務所へ入れられたら？ 愛する息子を殺した犯人に会って、真実をつきとめたかったら？ 自分とそっくりの受刑者と大金と引き換えに入れ替わることになったら？（それはないやろ！）

そんな3人の物語。それと共に刑務所の面会室で繰り広げられる様々な風景。

犯した罪も刑期も様々だが、皆、一様に悩みを抱えている。受刑者たちも傷の絶えない日々を過ごしているが、現実社会で生きる家族も心に耐えがたい傷を負っている。一緒に生活しない期間が長くなればなるほど受刑者との溝も深まり、待ちわびていたはずの面会をする事自体が苦しくなるのだ。面会室の張りつめた空気感。そして、そこでの会話がリアルに響いてくる。

この人たちのその後が案じられてならない。

レア・フェネール / ファリダ・ラウアッジ / フランス /2009/ ビターズ・エンド

〈友達ができる映画館〉がキャッチフレーズですが、今やゴールインした人やゴールイン寸前の人もいるとか。 のほほん

ロイヤル・アフェア　愛と欲望の王宮

2013年6月15日

「北欧の至宝」マッツ・ミケルセン。「イタリアの至宝」と謳われるモニカ・ベルッチのようなゴージャス美女ならいざ知らず、人間国宝というわけでもない、頬骨の高い渋めの男が至宝とはこれいかに？　彼が演じるのは18世紀後半デンマーク国王クリスチャン7世の侍医ストルーエンセ。精神を病む国王の心をつかみ、国の実権を握っていく。そればかりか、孤独な王妃までをも虜にし、やがて衝撃の結末に至るのだ。どんなに良い政策でも、国民の支持率って大事なのね。こんなロマンチックな世界史は学校では教えてくれなかったから全然知らなかった。ストルーエンセの血族は現スウェーデン王にまで繋がるらしい。歴史ロマンだぁ〜。やはりそれなりの魅力を持っていないとこなせない役を、絶対的な存在感をもって演じるマッツ。はらりと落ちる前髪、冷たい瞳。北欧独特のクール・ダンディーさに、よろめいちゃってください。

ニコライ・アーセル / マッツ・ミケルセン / デンマーク /2012/ アルバトロス・フィルム

テンパラで見逃したり、再度みたかったりの作品が上映されてうれしく思います。

ペタルダンス

2013 年 7 月 20 日

女が三人集まれば姦（かしま）しい。この映画はまさにそういう状態でのロードムービーなのだが、こうるさい女子会的要素はなく、何気ない会話を繰り返しながら、淡々と静かに進んでいく。三人三様、いろんな想いを胸に旅を進めているのだ。若手演技派女優の共演ということで、さぞや演技の火花が散るかと思いきや、それぞれが持つ独特の雰囲気が混じり合って、心地よい空気に包まれる。だって、黙って海を見てる姿だけで絵になるんだもん。

冬の海や空って、こんなに色彩がなかったのかしら？ カラー映画なのに、モノクロみたいに感じる。風に打たれ、寒空の浜辺で友情を確かめ合う彼女たち。女子だからこそ表現できる心の機微。繊細に、でもしっかりと今を見つめます。原木ちゃんがラストで風になびくものにかける祈りの言葉が印象的。

石川寛 / 宮崎あおい、忽那汐里 / 日本 /2013/ ビターズ・エンド

映画を見た後って、だれかと話したいよね。それができるのが小さい映画館ですよね。　のほほん

ハーブ＆ドロシー2　ふたりからの贈りもの

2013年8月10日

あのハーブ＆ドロシーが帰って来た！ 自分たちの給料でこつこつ集めた現代アートの逸品たち。1LDKのアパートに詰め込んだ2000点を超えるコレクションを全てナショナル・ギャラリーに寄贈するところで前作は終わっていた。

現代美術の巨匠たちや美術家も一目置く目利きっぷり。売り払って儲けようなどと露ほども思わない欲のなさにも感心するというか、呆れるというか。寄贈した作品を全米50州、1美術館につき50作品寄贈しなおす一大プロジェクトを決行。サンタさんもびっくりの大盤振る舞いだ。地方の美術館の知られざる経営状況や埋もれていたアーティストなど、思ってもみなかった現状が興味深い。そして、この映画の製作費を寄付で集めたという驚くべき事実。そこらへんに転がってる絵を一枚売り払っちゃえば資金なんてすぐできるのに。それをしないのがまさしく現代のおとぎ話。二人の変わらぬ仲の良さも微笑ましい。

佐々木芽生 / ハーバート＆ドロシー・ヴォーゲル / アメリカ /2012/ ファイン・ライン・メディア・ジャパン

この街角の映画館に、しあわせが多く存在しています。
城山つばめ

＊イラストはガーデンズシネマでご覧ください

天のしずく　辰巳芳子“いのちのスープ”

2013 年 9 月 21 日

私には各界に師と仰ぐ方々がいる。ミュシャ先生、ミロ先生、チャイコ先生、スティング先生、柳先生…。尊敬のあまりもはや呼び捨てになどできない。辰巳先生もそんな中のおひとりだ。ご高齢でありながらも、しゃんとしたお姿にはいつも感嘆する。食に対する徹底した姿勢、素材に対するこだわり。そして、この映画の中でもわかるのだが、独特の言葉づかいは、極上の素材を選びぬいている時のように的確で美しい。四季折々の自然の美しい映像と辰巳先生とゆかりの人々との交流を見ていると、癒されると同時に、日常に流されていい加減な生活をしている私に喝を入れてもらっているような気持ちになってくる。80 歳を過ぎてから見たり、聞いたりするものは別だと辰巳先生は言う。よい食生活をして 80 まで長生きして、そういう境地に立ってみたいものだ。

河邑厚徳 / 辰巳芳子 / 日本 /2012/ 環境テレビトラスト

日本一小さな（?）39 席の映画館。
現代の良心の砦のごときシアターよ、永遠に。

スタンリーのお弁当箱

2013年10月5日

スタンリーはお調子者だが、クラスの人気者だ。美人でチャーミングなロージー先生は彼の素質を見抜き、褒めて育てている。チョコレートをご褒美にあげるのはえこひいきだと思うが、そのチョコを仲間と分けながら食べるのには感心した。家庭の事情からお弁当を持ってこれないスタンリーにきびしくあたるヴァルマー先生にはほんっと頭にくる。そもそもハエたたきを生徒に振り回すな(怒)！おまえの顔を叩いてやりたいわっ！！ しかし、お弁当を作るシーンはよだれが出そうだ。画面から香辛料のスパイシーな香りが立ちのぼってきそうだ。ナンに似たパンのロティがぷく〜っとふくれるのを見ると、つい「そいつをよこせ」と言いたくなってくる。さて、スタンリーはどうやってお弁当を持って来られるのでしょうか。愛情の込められた絶品弁当の裏にはインドが抱える厳しい現実問題も表現され胸が痛いが、子供たちの友情が救いだ。

アモール・グプテ / パルソー、ヌマーン / インド /2011/ アンプラグド

いつもありがとうございます。(^_^) 7階のレストランのごちそうはとってもおいしかったです。(^_^) またたべたいとおもいます。

パリの恋人

2013年11月9日

女子の憧れ、オードリー。その普遍的な美しさは、世代を超えて圧倒的な支持を得ている。少しでも彼女に近づこうと太眉にしようものなら、『イッテQ』の珍獣ハンターイモト扱いされそうだが。まだ彼女の魅力を知らない若者にぜひ観て、知っていただきたい。なかでも『パリの恋人』はオードリーのファッション七変化が楽しい映画だ。どれを描こうか悩んだ挙句、欲張って全部描いたら、締切りを破る羽目になってしまった。ジバンシーのシンプルなデザインや色づかいは今見ても色褪せず、オードリーと共に輝き続けている。バレリーナになりたかったオードリーが、しなやかなダンスを披露するのも見所のひとつ。しかも、お相手がアステアだなんて、最高の組み合わせ！　さえない書店員のジョーがひょんなことからカメラマンに見出されモデルとして成功していく成長物語。女編集長もかっこいい！　あんなおばちゃん大好き～！

スタンリー・ドーネン／オードリー・ヘプバーン、フレッド・アステア／アメリカ/1957/コミュニティシネマセンター

淀川長治先生にお教えいただいたのがエレガンス。
そのお手本が、F・アステア!!

Column あの頃 みんなが大好きだったよ オードリー!!

今時の高校生にかかったら、「オードリー？お笑いコンビか〜い」なんだろうけど、ガーデンズシネマ来館のゲストの皆さま方や映画ファンの皆さまは、ヤッパリこのオードリー。

1953年の『ローマの休日』のプリンセス役で大ブレイク。以降、『麗しのサブリナ』『ティファニーで朝食を』『マイ・フェア・レディ』等々の映画に主演。その日本人好みの品よい美しさとおしゃれ加減で、大人気。リアルに覚えているのは、60年代から80年代にかけて映画雑誌スクリーンやロードショウの人気投票外国女優部門でダントツ1位だったこと。

私の母など、1954年頃、ローマの休日ファッションを自作するために朝から晩まで映画館にいたという。そして仕立てたシャツブラウスとフレアースカートの出で立ちで、当時仙台一美男子だったという父をノックアウト。そして私が生まれたというわけ…。(笑)

ガーデンズシネマ部女子会メンバーが選ぶオードリームービーベスト3

1位：ローマの休日

ともかくオードリーといえば、「ローマ」。ショートカット、ソフトクリーム、ベスパ、フレンチスリーブ…。イーディス・ヘッドの衣装が、まことにすてき。

1954年日本公開時のキャッチコピー
「銀幕に未だかつてみなかった新しい魅力が…若き世代の夢と美を象徴する話題の新星」

2位：マイ・フェア・レディ

貧しい下層階級の花売り娘がヒギンズ教授の指導で、貴族の姫君にヘンシーン!!
姫キャラ・オードリーのコスプレも見物（衣装はセシル・ビートン）。ミュージカルだからオードリー歌いますが、吹替えです。元々舞台ではジュリー・アンドリュースがイライザで大ヒット。

1964年日本公開時のキャッチコピー
「美の女神があなたのおそばに…全世界の女性の心を永遠にとらえた世紀の巨編」

3位：ティファニーで朝食を

カポーティーの小説をオードリーが化学変化。原作の毒気を彼女のオーラが抜いて、都会のおしゃれ恋物語に。ティファニーは全世界規模ブランドに。ティファニー前でフランスパンかじる観光客多発。イーディス・ヘッドとジバンシーの衣装がハイセンス。「ムーン・リバー」は永遠のスタンダードナンバー。

1961年日本公開時のキャッチコピー
「輝く宝石のよう…華麗な話題をちりばめた珠玉の名篇！」

この3作品、少女文化世界に絶大な影響を与えています。

『ローマの休日』は氷室冴子の筆で『レディ・アンをさがして』に翻案。マンガ、ライトノベル、宝塚歌劇に。「マイ・フェア」は言うまでもなく。『舞妓はレディ』まで生まれました。「ティファニー」もストーリーボードを上書きした作品が多発。オードリー真似て、日本女子はおしゃれになったのさ♪

奥村美枝

アンコール！！

2013年12月21日

テレンス・スタンプ様。クールでワルな貴方がフツーの老人を演じるとは想像だにしませんでした。その確固たるキャラ設定そのままでいっちゃうと、頑固じいさんとなってしまうのですね。病気の妻を介護するアーサーは妻にしか笑顔を見せないような偏屈ぶり。妻のマリオンは地域のコーラス隊「年金ズ」での活動を何よりも楽しみにしている。体調の悪いマリオンは夫に付き添いを頼む。年金ズの指導をするエリザベスは事あるごとにアーサーに語りかけ、だんだんコーラスの世界に足を踏み入れていく羽目に…。頑固なゆえに人づきあいが苦手で、自分の息子ともろくに話もできない、生きにくい性格。でもその繊細な心の機微が愛おしくさえ思えてくる。コートの襟を立てる孤独感にぐっとくる。妻が夫に、夫が妻に贈る歌のなんて素晴らしい事！ 鑑賞前に、小タオルとティッシュを6枚程膝の上に置かれる事をお薦めします。

ポール・アンドリュー・ウィリアムズ / テレンス・スタンプ / イギリス /2012/ アスミック・エース

歌は素敵♪ オペラも、ポップも、ロックも。でも、コーラスは、切なくも、アツいのよね♪ 第九もゴスペルもいいよ♪

女たちの都 ワッゲンオッゲン／チャップリン・ザ・ルーツ／サイド・バイ・サイド フィルムからデジタルシネマへ／桃さんのしあわせ／カミハテ商店／ライク・サムワン・イン・ラブ／三大映画祭セレクト［俺の笛を聞け／我らの生活／イル・ディーヴォ 魔王と呼ばれた男］／セブン・デイズ・イン・ハバナ／いちご白書／ひまわり／アナザー・カントリー／情熱のピアニズム／ミステリーズ 運命のリスボン／眺めのいい部屋／ジェラール・フィリップ特集［夜ごとの美女／悪魔の美しさ／パルムの僧院／赤と黒／勝負師］／ベティ・ブルー 愛と激情の日々／最終目的地／二郎は鮨の夢を見る／ファースト・ポジション 夢に向かって踊れ！／馬毛島クロス／アルバート氏の人生／歌えマチグヮー／いわさきちひろ ～27歳の旅立ち～／放射線を浴びたX年後／内部被ばくを生き抜く／千年の愉楽／100万回生きたねこ／あの日 あの時 愛の記憶／塀の中のジュリアス・シーザー／カラカラ／鴛鴦歌合戦／丹下左膳餘話 百萬両の壺／51（ウーイー）世界で一番小さく生まれたパンダ／恋する輪廻 オーム・シャンティ・オーム／拝啓、愛しています／東ベルリンから来た女／故郷よ／愛について、ある土曜日の面会室／偽りなき者／汚れなき祈り／明日の空の向こうに／ロイヤル・アフェア 愛と欲望の王宮／戦争と一人の女／ある海辺の詩人 小さなヴェニスで／日活100年の青春［狂った果実／にっぽん昆虫記／ビルマの竪琴／上を向いて歩こう］／NOT LONG, AT NIGHT 夜はながくない／ホーリー・モーターズ／ブルーノのしあわせガイド／ペタルダンス／海と大陸／メッセンジャー／ハーブ＆ドロシー ふたりからの贈りもの／国際オーガニック映画祭［サバイビング・プログレス 進歩の罠／フォークス・オーバー・ナイブズ いのちを救う食卓革命／水になった村／ホッパーレース ウンカとイネと人間と／世界が食べられなくなる日／よみがえりのレシピ］／パパの木／ロシュフォールの恋人たち／嘆きのピエタ／ニューヨーク、恋人たちの2日間／私が靴を愛するワケ／天のしずく 辰巳芳子“いのちのスープ”／クロワッサンで朝食を／あるいは佐々木ユキ／台湾映画祭2013［台湾人生／あの頃、君を追いかけた／台湾アイデンティティー］／スタンリーのお弁当箱／ベニシアさんの四季の庭／セデック・バレ 第1部・第2部／スクリーン・ビューティーズ vol.1 オードリー・ヘプバーン［ティファニーで朝食を／パリの恋人／麗しのサブリナ］／戸田博監督特集［夏の叫び／山の炎／七度猫／魚たちの夜］／建築CINEMA映画祭［ふたりのイームズ 建築家チャールズと画家レイ／先祖になる］／祭爆 SAIBAKU までぃに三味線奏でるべ／ワーカーズ／美輪明宏ドキュメンタリー～黒蜥蜴を探して～／殺人の告白／飛べ！ダコタ／日本の悲劇／朝日のあたる家／楽園からの旅人／クレイジーホース・パリ 夜の宝石たち／アンコール!!／ニューヨーク・バーグドルフ 魔法のデパート

ビフォア・ミッドナイト

2014年1月18日

2014

イーサン・ホーク、ジュリー・デルピー。イケメン俳優と美人女優。二人とも、しばらく見ない間におなかがぽっこりしちゃって、超・ショック！ 同世代なだけに、自分の腹をなでつつ、絶望感を味わってしまった。もうあの頃は戻って来ないのか…。まさしくそんな二人の会話劇。あんなに素敵な出会いと再会を果たしたジェシーとセリーヌなのに、今やすっかり倦怠期。痴話喧嘩としか思えない二人のやりとりがあまりにもリアル。ナレーションも独白もなく、会話だけで物語が進んでいく。脚本の見事さと二人の演技力の高さはさすがだわ〜。風光明媚なギリシャの街並みを歩く、しゃべる、歩く、しゃべる。やはりセリーヌのほうが口では上手。でもチャーミングで憎めないかわいらしさ。

そんな彼女を怒らせちゃって、どうするジェシー！ 作家である彼なりの挽回策にご注目。更に9年後の彼らに、また会ってみたいなあ。

リチャード・リンクレイター / イーサン・ホーク、ジュリー・デルピー / アメリカ /2013/ アルバトロス・フィルム

体験者がほとんど生存しなくなったとき、もう戦争についての映画をみる必要はなくなるのでしょうか…。平和の意味をどう考える。

もうひとりの息子

2014年2月15日

赤ん坊の取り違え事件。実際に起こった例もあるし、是枝裕和監督の『そして父になる』も記憶に新しい。この映画の場合、イスラエルとパレスチナの子の取り違えという悲劇的な設定。人種が違うのにわからないのかと不思議に思うが、宗教や言語が違っても、もとはアブラハムの息子たちから分かれたと言われており、実際区別がつかないのだそうだ。ある日突然、取り違えの事実を聞かされ、しかも対立する側の子を育てていたと知り、父親は自慢の息子を失くしたと思い、母親は息子がひとり増えたと思う。当事者の息子たちにしてみれば、今までの自分の存在価値や、これからの生き方まで崩壊させられ、グレてもおかしくないと思うが、これがどっちもさわやかで（イケメンで）いい子たちなのだ。長年の対立も未来を担う若者の手で解決されるのではないかという希望が見えてくる。この国の有刺鉄線が取り払われる日が来る事を願うばかりだ。

ロレーヌ・レヴィ / エマニュエル・ドゥヴォス / フランス /2012/ ムヴィオラ

ガーデンズシネマさんへ。いつも素晴らしい作品との出会いをありがとうございます。イベントも楽しみにしていますので、早目にお知らせくださいね！　もりた

楽隊のうさぎ

2014年3月22日

「音の粒を揃える」。朝ちゃん、うまい事言うなぁ。吹奏楽ならではの練習。個人練習→パート練習→全体練習。ばらばらな雑音の粒が一つになって音楽を奏でる。ひとりの音が大きすぎても、音程が合わなくてもアンサンブルにならない。演奏者全員が心を合わせてひとつのハーモニーで体が包まれた時の感動は観客のそれをも上回る。不思議なうさぎに導かれて吹奏楽部に入部した未経験の克っちゃん。この子がまた感情をほとんど表に出さない現代っ子。やる気があるようなないような、でもパンツ一丁で自宅練習をしたりするところもある。そんな克っちゃんを見守る先輩の朝ちゃんや顧問の先生勉ちゃん（演じるは宮崎あおいの実兄宮崎将）。勉ちゃんもまた、繊細そうな先生で、こんな頼りなげな先生のもとで生徒の自主性が育まれるんだなぁ。私の時代には先生から譜面台が飛んできたけどなぁ、と感慨に浸る元・吹奏楽部員なのでした。

鈴木卓爾 / 川崎航星 / 日本 /2013/ 太秦、シネマ・シンジケート

吹奏楽が主役の映画。『桐島部活』もそんな映画でした。
部活っていつも、胸キュン!!

マッキー

2014年4月26日

家人が寝静まった深夜。どれ、そろそろ私も…とその時一匹のハエが部屋の中に入り込み、ぶんぶんと音を立て始めた。テレビだけを残して明りを消し、ハエたたきを手に臨戦態勢に臨むわたし。失礼な事を言うようだが、衛生状態がよいとは言えないインドでまさかハエ如きを気にするなんて思ってもみなかった。しかし、このハエはタダものではない。悪者に殺され、なんと生まれ変わったのだ。こいつが人間の頃もシツコイ性格で、ハエにはうってつけ。愛する彼女を守るため、あらゆる手段をつかって悪者をやっつけるのだ。今回の悪者スティーヴ社長も１ミリたりとも同情するに値しない見事なワルぶり。思う存分やっつけちゃってください！ 映像も申し分ない出来。ピクサーの『バグズライフ』を彷彿とさせる場面も楽しい。「五月蠅い」と書いて「うるさい」と読む。これからがハエのベストシーズンて事？ 気をつけなきゃ！

S・S・ラージャマウリ / スディープ、サマンサ・ルス・プラブ、ナーニ / インド /2012/ アンプラグド

MFM『風の谷のナウシカ』。幼い頃に夢の中でよく飛んでました。あの感動そのままの飛び具合、メーヴェそっくりでした。 Tae

バチカンで逢いましょう

2014年5月17日

マリアンネ・ゼーゲブレヒト。何度聞いても覚えられないが、『バグダッド・カフェ』のぽっちゃりおばさんといえばすぐわかる。方や、ジャンカルロ・ジャンニーニ。長ったらしいのに個性的な名前で一発で記憶したイタリアの個性派俳優。この二人が、なんともチャーミングな老カップルを演じる。夫を亡くしたマルガレーテは、ローマ法王に懺悔をするため、バチカンに向かう。そこで老詐欺師ロレンツォに出会い、老婆がローマの休日を過ごす。そこで暮らす孫娘や、追いかけてきた娘と三世代ではじめて思いをぶつけあう。それぞれが自分の生き方を見つめなおすことになるのだ。軽快な音楽とおいしそうなウィーンのオマ（おばあちゃん）の料理、冷えた白ビールも最高！ 彼女たちの休日はどういった着地点を迎えるのか？ それにしてもイタリア男って、いくつになってもよくもまあ、歯が浮きそうな台詞をばんばん言えるもんだ。

トミー・ヴィガント / マリアンネ・ゼーゲブレヒト / ドイツ /2012/ エデン

カゴシネ君のつぶやきも聞いてね！

2014

少女は自転車にのって

2014年6月21日

ワジダは10歳。おてんばな女の子。彼女が住むイスラム圏の慣習は理解し難いものだらけ。女性は体のラインが見えない黒い服を頭からすっぽり身にまとわなければならない。ワジダのママも、モニカ・ベルッチばりのゴージャス美女なのに、もったいな〜い！　男性の目にふれないように徹底しながらも、なぜか、12、3歳で嫁に出されたりもする。女性にとっては生きづらい国だ。ワジダは掟に従いながらも、自由な発想でしたたかに生きている。彼女が自力で自転車をゲットするまでの物語の中で、知られざるサウジの生活が垣間見られるのが面白い。自宅ではジーンズやTシャツも普通に着ているし、パパとテレビゲームだってするのだ。そんな矛盾した状況を変えるのは、抑圧された女性たち自身や、子供たちなのだという可能性や希望が見出される。美しいコーランの朗読や砂漠地帯の風景。いろんな意味でカルチャーショックを受けた。

ハイファ・アル=マンスール / ワアド・ムハンマド / サウジアラビア、ドイツ /2012/ アルバトロス・フィルム

安藤サクラサンの、さりげなく、それでいて迫力のある演技に見入っています。大ファンです。（…0.5ミリ・百円の恋・白河夜船）ガンバレ、サクラ!!

大統領の執事の涙

2014年7月19日

アメリカの大統領が変わると、官僚上層部はほぼ入れ替えになる。ホワイトハウスもそうだと思っていたが、事実を基にしたこの映画の主人公セシルは、黒人執事として7人もの大統領に仕えていた。黒人にとって人としての権利を与えられていなかった時代に、歴史が動くのを目の当たりにしながら空気のように仕えるというのは大変なことだ。そのように指示しながらも、大統領たちは時々一番身近な黒人である彼らに意見を求める。そこには微かな信頼が見え隠れするのだ。

錚々たる俳優陣や歴代大統領そっくりさん大会、大物ミュージシャンが何でこんな地味な役を?! など、娯楽映画かと思いきや、差別され続けた黒人たちの歴史に沿って翻弄されるセシル一家の骨太な人間ドラマでもあるのだ。

オバマさん、泣いて当然。でも『大統領の涙』になっちゃうよ！

リー・ダニエルズ／フォレスト・ウィテカー／アメリカ/2013/アスミック・エース

一昔前のリアルコスプレ映画はステキ。『風とともに去りぬ』しかり。『グランド・ブダペストホテル』しかり。話がよければ更によし。

世界の果ての通学路

2014年8月30日

世界の果てにも通学路はあるだろう。しかし、こんなに過酷な道だとは！
4組の通学路が出てくるが、どれも危険と隣り合わせ。ケニアの兄妹が走るサバンナ。モロッコの少女たちが越える険しい山々。アルゼンチンの兄妹は馬で通学するが、必ずしも楽ちんではない。インドの兄弟は、足が不自由な兄のためにぬかるんだ道を車椅子を押して行く。エマニュエルとガブリエルの幼い弟たちが健気でかわいくて、名前のとおり、天使に見えてくる。皆、何時間もかけ、苦労して通学してでも学校で学びたいという向学心が素晴らしい。新学期を迎えた学生さんたちは彼らの頑張りを見ればモチベーションが上がる事間違いなし！ そして大人たちにはかつての通学路を思い出して欲しい。私にも新上橋から天保山まで小一時間かけて通った中3の半年間があったのだ。小学生の妹と歩く甲突川沿いは寒くて大変だったけど、今や良き思い出なのです。

パスカル・プリッソン / ジャクソン・サイコン / フランス /2012/ キノフィルムズ

かつてフィリピンで出会った子供達のキラキラした瞳を思い出しました。

神さまがくれた娘

2014年9月27日

この映画はアメリカ映画『アイ・アム・サム』に着想を得たらしいが、ストーリーは全く違うヒューマン・ドラマに仕上がっている。あっ！ここのシーンは『アイ・アム・サム』だっ！…というシーンもあるが、そこはご愛敬。子供に対する深い愛情は万国共通。しかも、親の知能が6歳であろうが、そんな事は全く関係ないのである。クリシュナとニラー父娘のダンスは愛にあふれてとっても素敵。意味もなく突然でてくる従来のインド映画の定石ともいえるダンス・シーンとは違うのだ（別途そういうシーンもあったりしますが、笑）。やはり今回もインド美人がじゃんじゃん出てくる。うだつの上がらない運転手シュベータの奥さんは聖母の如き美しさ。2シーンしか出てないバーシャム弁護士の奥さんも然り。女弁護士アヌや事務局長シュベータはもちろん超・美人。そして、ニラーちゃんのかわいさといったら！　高い・高いしてあげた〜い！

A. L. ヴィジャイ / ヴィクラム、サラ / インド /2011/ 太秦

学ぶことができる、家族とずっと一緒にいられる、夢を持つことができる、そんなささやかで小さな幸せこそが、奇跡的なことだと改めて気づかせてくれる、そんな作品でした。もとこ

リスボンに誘われて

2014年10月18日

今年度ノーベル文学賞受賞者のパトリック・モディアノ氏は、占領下での生活世界の描写が評価された。ヨーロッパ各国には圧政の中でのレジスタンスたちの抵抗運動があった。今回はポルトガルのサラザール独裁政権下の物語だ。スイスの高校教師ライムントが偶然手に入れた一冊の本。自分が考えていた人生観が美しい言葉で綴られたこの本に心を奪われた彼は、作者を辿るリスボンへの旅に出る。彼の関係者を辿るうちに、抑圧された中でも精一杯生き切った一生が浮き彫りになってくる。翻弄される男を演じたら天下一品のジェレミー・アイアンズが相変わらず右往左往しながら謎を一個ずつ丁寧に解き明かしてくれる。脇を固める共演者がドラキュラやベルリンの天使、蜘蛛女などを演じた、一筋縄ではいかない豪華な顔ぶれ。高校の校長や宿屋の主人もいい味を出してるが、シャーロット・ランプリングの圧倒的存在感はさすがだ。

ビレ・アウグスト / ジェレミー・アイアンズ / ドイツ、スイス、ポルトガル /2013/ キノフィルムズ

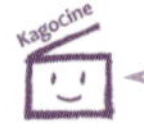

鹿児島の文化発信基地!! みんなでささえていきたい。
のほほん

ローマの教室で　我らの佳き日々

2014年11月8日

『パリ20区、僕たちのクラス』的リアル教育ムービー。今度はローマの教室にお邪魔しました。相変わらず生徒たちは身勝手で、小賢しくて、でもあまりにも無防備で傷つきやすい。なかでもシェール似のアンジェラのアバズレっぷりは断トツで、国語補助教員のジョヴァンニは最後まで彼女に翻弄される。クールな女校長ジュリアーナは身寄りがいなくなった男子生徒の世話を焼く羽目に。情熱を失い、無気力なベテラン教師フィオリートの身にも新たな出逢いが！ 3人の教師たちは手探りで答えを導き出していく。彼らだって完璧ではない。親とケンカになる事だってあるし､判断を誤る事もある程度は仕方ない。優等生だからと、安心している生徒にこそ目を配らないと！ 学校は答えの決まった学問だけを教えるのではなく、社会に出て生き抜く術を身につける場所でもある。そして数年後。あの頃は良かったと懐かしく思い出すのだ。

ジュゼッペ・ピッチョーニ / マルゲリータ・ブイ / イタリア /2012/ クレストインターナショナル

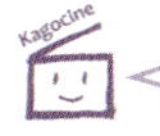

とても観たかった映画『あん』。とても良かった。DVDではなく、このガーデンズシネマで観れたのが良かった。

アルゲリッチ　私こそ、音楽！

2014年12月20日

マルタ・アルゲリッチ。波乱万丈の人生を歩む今世紀最高のピアニスト。マスコミ嫌いの彼女のドキュメンタリーを実現させたのは、監督を務める三女のステファニー。マルタの自然な表情を遠慮なく撮れるのは溺愛する娘ならではの特権だ。マルタには父親が全部違う三人の娘がいる。長女リダの父は中国人だが一番マルタに似ている。幼少期を母と過ごせなかった分を取り戻そうとする姿が印象的だ。次女のアニーは父のシャルル・デュトワに眉とか目がそっくり！　演奏旅行で忙しい母の代わりはさぞ大変だったろう。三女のステファニーはリダとは逆に父親と暮らした事がなく、その空白の時間を埋めようとしている。マルタの娘に生まれたばっかりにそれぞれが大変な時期を過ごす。でも誰も母を恨んではいない。いつも自然体でわがままいっぱいな彼女は女神なんだもの。女家族4人で過ごす何気ない時間がユルくて微笑ましい。

ステファニー・アルゲリッチ / マルタ・アルゲリッチ / フランス、スイス /2012/ ショウゲート

ドキュメンタリーに感動しています。
ガンバレ、ガーデンズシネマ！

2014年 上映作品リスト

六月燈の三姉妹／カイロ・タイム～異邦人～／ビフォア・ミッドナイト／僕が星になるまえに／皇帝と公爵／ふたりのアトリエ ある彫刻家とモデル／ファッションを創る男ーカール・ラガーフェルドー／ハンナ・アーレント／わたしはロランス／もうひとりの息子／危険なプロット／暗くなるまでこの恋を／ペコロスの母に会いに行く／母の身終い／もらとりあむタマ子／恋のマノン／シェルブールの雨傘／言の葉の庭／楽隊のうさぎ／いとしきエブリデイ／コールド・ウォー 香港警察二つの正義／隣る人／世界一美しい本を作る男─シュタイデルとの旅／楊家将～烈士七兄弟の伝説～／甘い鞭／ベニシアさんの四季の庭／バグダッド・カフェ／マッキー／子宮に沈める／はじまりは5つ星ホテルから／髪結いの亭主／泥棒成金／標的の村／バチカンで逢いましょう／めまい／櫻の園／ある精肉店のはなし／17歳／マーニー／あなたを抱きしめる日まで／ペコロスの母に会いに行く／フォンターナ広場 イタリアの陰謀／少女は自転車にのって／父は家元／戸田博監督特集／MUD マッド／グロリアの青春／ランナウェイ・ブルース／コーヒーをめぐる冒険／僕がジョンと呼ばれるまで／大統領の執事の涙／ボブ・マーリー ルーツ・オブ・レジェンド／レオニー海外配給版／ハンナ・アーレント／許されざる者／夢は牛のお医者さん／アクト・オブ・キリング／平和を祈る映画特集［GET ACTION!!／爆心 長崎の空／北朝鮮強制収容所に生まれて］／そこのみにて光輝く／罪の手ざわり／スチューデント・オブ・ザ・イヤー 狙え！ No.1！！！／美しい絵の崩壊／きっと、うまくいく／世界の果ての通学路／ファルージャ／国際オーガニック映画祭［みつばちの大地／福島六ヶ所村 未来への伝言／モンサントの不自然な食べもの／ヴァンダナ・シヴァのいのちの種を抱きしめて／食の選択／探そう！地元のオーガニック野菜／それでも種をまく／ベニシアさんの四季の庭］／祖谷物語～おくのひと～／私の、息子／ぼくたちの家族／ジプシー・フラメンコ／神さまがくれた娘／ドストエフスキーと愛に生きる／人生はマラソンだ！／神宮希林 わたしの神様／あなたがいてこそ／建築 CINEMA 映画祭［空を拓く 建築家・郭茂林という男／まちや紳士録］／リスボンに誘われて／ワレサ 連帯の男／台湾映画祭 2014［GF*BF／光にふれる／セデック・バレの真実］／ウィークエンドはパリで／女優時代／ホドロフスキーの DUNE／ローマの教室で 我らの佳き日々／クィーン・オブ・ベルサイユ 大富豪の華麗なる転落／ぼくを探しに／ピーター・ブルックの世界一受けたいお稽古／フランシス・ハ／大いなる沈黙へ／リアリティのダンス／イーダ／パーマネント野ばら／幕末太陽傳／観相師／選挙2／アルゲリッチ 私こそ、音楽！／不機嫌なママにメルシィ！／二郎は鮨の夢を見る

Message 映画人からのメッセージ

襟川クロ（映画パーソナリティー）

“愛”と“情熱”が
ギュッとつまったオリジナル。
もう5年？ まだ5年？
映画大好き仲間に感謝＆Big Hug !!

大森一樹（映画監督）

鹿児島に
ガーデンズシネマがある限り、
私の映画は映画館で上映されると
信じています。
小さな映画館ですが大きな支えです。

寺脇研（映画評論家）

天文館の映画館で映画に目覚めた私には、
消えた懐かしい小屋の代わりに
ガーデンズシネマが出現したように思える。
そこで自分のプロデュースした映画を
上映して貰えた幸福！

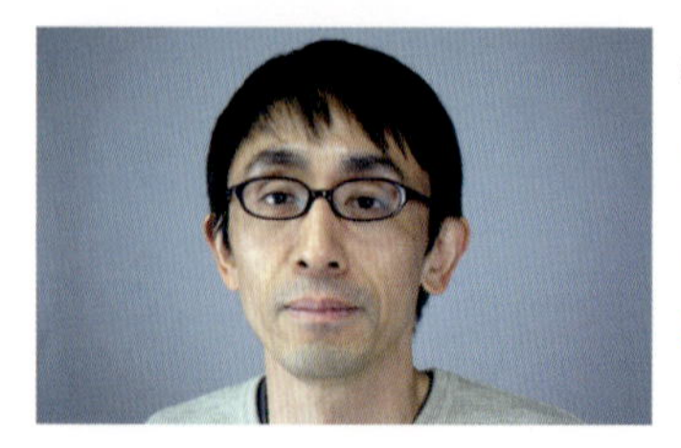

吉田大八（映画監督）

近所にガーデンズシネマみたいな
映画館があればいいのに…と
いつも思ってます。
あ、引っ越せばいいのか。

伊地智啓（映画プロデューサー）

今は鹿児島に三つもあるシネコンの事を
誰も映画館とは呼ばないけど、
ガーデンズシネマには
どこか昔のスローな映画館を
想わせる装いがある。

李相日（映画監督）

風が吹くと、
皆同じ方向へと流れて行く。
踏み留まりたければ、
ガーデンズシネマへ。
自分の心を鍛えるために。

塚本晋也（映画監督）

緑の中の日本一小さな映画館。
がんばる支配人黒岩さん。
がっちりガードを組む映画好きの皆さん。
活力に溢れています！いつまでも
お客さまの夢を乗せて走り続けてくださいませ。
応援してます！

奥寺佐渡子（脚本家）

5周年おめでとうございます。
IMAXじゃなくたって
映画の世界に没入できる映画館、
それがガーデンズシネマ！

ガーデンズシネマ来館映画人

2010年
1 襟川クロ　映画パーソナリティ
2 長澤雅彦　監督

2011年
3 古木洋平　撮影監督
4 廣田稔　プロデューサー
5 吉田大八　監督
6 柴田昌平　監督
7 河原さぶ　俳優
8 豪田トモ　監督
9 奈美木映里　脚本
10 東武士　俳優

2012年
11 竹田信平　監督
12 井手洋子　監督
13 森元修一　監督
14 今関あきよし　監督
15 寺脇研　評論家
16 山本太郎　俳優・参議院議員
17 伊地智啓　プロデューサー
18 坂口香津美　監督
19 大森一樹　監督

2013年
20 祷映　監督
21 冨澤満　監督
22 福間健二　監督
23 戸田博　監督
24 遠山昇司　監督
25 玉井夕海　俳優
26 加藤幹郎　映画学者

2014年
27 西田聖志郎　俳優
28 三上智恵　監督
29 纐纈あや　監督
30 松井久子　監督
31 李相日　監督
32 伊藤有紀　監督
33 奥寺佐渡子　脚本家
34 井口奈己　監督
35 鈴木昭彦　録音
36 寺山偏陸　俳優

2015年
37 成島出　監督
38 鎌仲ひとみ　監督
39 塚本晋也　監督
40 林与一　俳優
41 若原瞳　俳優

2010年度　作品・イベントリスト（5月～4月）　＊肩書きは当時のものです

作品名・開催日	イベント名	ゲスト
牛の鈴音 5/3（月）	パネルディスカッション 「日本の農業の現状と未来への提案」	前田芳實さん （鹿児島大学理事） 小川内利浩さん （JA 鹿児島県中央会） 迫真一さん （マルヤガーデンズ事業部） 園山宗光さん （かごしま有機野菜ネットワーク） 廣田稔さん （映画「北辰斜にさすところ」 製作委員会会長）
牛の鈴音 5/22（土）	公開記念トーク「牛と私」	竹中勝雄さん （上床牧場アンの家牧場主）
夏時間の庭 5/9（日）	パネルディスカッション	吉田美佐子さん（アルモニ） 早川由美子さん（NPO 法人 PandA）
ヤング@ハート 6/6（金）	KAN Mass Choir によるゴスペルライブ	田丸寛さん（ディレクター）
扉をたたく人 6/12（水）	扉をたたく コミュニティ・ドラムサークル	森田孝一郎さん （リズムハート代表）
アンヴィル！6/19（土）	舞台挨拶＆ライブ	メタル兄弟（アーノルドさん・ロケット川野）
チェコ映画祭 7/17（土）、18（日）、 19（月）	パネルディスカッション	古木圭介さん（霧島国際音楽祭 鹿児島友の会会長）、中村アイ子さん（会員）、山元正博さん（源麹研究所）、廣田稔さん
半分の月がのぼる空 8/1（日）	みんなの朗読会「銀河鉄道の夜」を読もう！	横山欣司さん（放送キャスター）ほか
嗚呼 満蒙開拓団 7/31（土）、8/20（土）	講演会 「中国残留孤児は今」＆餃子交流会	鬼塚建一郎さん、寺本是精さん、 小川みさ子さん
天国はまだ遠く 9/11（土）	舞台挨拶＆ティーチイン	長澤雅彦監督
石原裕次郎特集 9/25（土）	舞台挨拶＆資料展示	石田裕さん（カラカラオーナー）
ブライト・スター いちばん美しい恋の詩 10/17（日）	トーク＆朗読会	高岡修さん（詩人）、ジェフリー・アイリッシュさん（フリーライター）
国際オーガニック映画祭 10/9（土）	トークセッション 「今こそオーガニック」	有機農家の皆さん（園山さん、杉村さん、三箇さん、四津さん、吉原さん、瀬戸口さん）
eatrip 10/8（金）	トーク	野村ゆりさん（フードコーディネーター）、中原慎一郎さん（ランドスケーププロダクツ）
北辰斜にさすところ 11/3（水・祝）	トークセッション 「これからの教育」	吉田浩己さん（鹿児島大学長）、塩瀬重輝さん、加藤正徳さん（鹿児島大学 OB）、廣田稔さん

作品名・開催日	イベント名	ゲスト
イタリア映画祭 11/6（土）～18（金）	ナポリ姉妹俊盟約50周年パネル展示 イタリアンなメニュー	協力：鹿児島市観光課
あなたは遠いところに／あいつはカッコよかった／悲しみよりもっと悲しい物語／グッド・モーニング・プレジデント 11/19（金）～25（金）	韓国映画ウィーク	鹿児島日韓親善協会主催
パーマネント野ばら 1/15（土）	舞台挨拶＆ティーチイン	吉田大八監督
プチ・ニコラ 2/13（日）	トーク「フランソワさんが語るプチ・ニコラの世界」＆フランス雑貨＆クレープ（コム・オ・シエル）＆書籍販売（アルモニ）	フランソワさん
ただいま それぞれの居場所 2/24（木）	上映記念トーク 「鹿児島からこれからの介護を考える」	水流涼子さん （認知症の人と家族の会 代表） 中迎聡子さん（宅老所いろは 代表） 山之内一郎さん （市地域包括支援センター社会福祉士） 久留須直也さん（南学園）
ネコを探して3/5（土）～3/11（金）	にゃんこ写真募集＆展示	
冬の小鳥 3/12（土）～4/1（金）	公開記念トーク 「児童福祉児童養護のいま」	川原園淳一さん（社会福祉士・愛の聖母園） 谷川知士さん（鹿児島女子短期大学教授）
ぼくのエリ 200歳の少女 3/12（土）～3/25（金）	書籍販売	アルモニ
小山義允の見たふるさと　知られざる鹿児島の映像作家 3/12（土）～18（金）	解説付上映	所崎平さん（鹿児島民俗学会代表幹事）、森田清美さん（鹿児島民俗学会会長）、小川学夫さん（元鹿児島純心女子短期大学教授）
クレアモントホテル 3/19（土）～4/8（金）	書籍販売＆薩摩英国館物販	
森聞き 3/27（日）	監督ティーチイン	柴田昌平監督
森聞き 3/27（日）	トークセッション 「『森聞き』から見えてくる伝えたいこと」	ジェフリー・アイリッシュさん（フリーライター）、曽山照代さん（日本熊森協会鹿児島県支部支部長）ほか

2011年度　作品・イベントリスト（5月〜4月）

作品名・開催日	イベント名	ゲスト
うまれる 6/25（土）	おしゃべり会「ランチしながら子育て談義」	NPO法人 Reばーすのみなさん
玄牝 7/3（日）	パネルディスカッション「生まれる命を想う」	下敷領 須美子さん（鹿児島大学准教授）、川畑由佳子さん（助産師）、菊永美樹さん、鮫島亮二さん、鹿児島市子育て推進課の方、郡山恵理子さん（Reばーす）
森崎書店の日々 7/10（日）	公開記念トーク「ディープで楽しすぎる古書こしょ話」	下園輝明さん（あづさ書店）、小村勇一さん（つばめ文庫）、安井一之さん（古書リゼット）、小林潤司さん（鹿児島国際大学教授）
約束の葡萄畑　あるワイン醸造家の物語 7/16（土）	大園博隆さんによるブルゴーニュワインセミナー	大薗博隆さん（ブラッスリー・ヴァンダンジュ・オーナー）
180° SOUTH 7/23（土）	生き方を変える冒険	野元尚巳さん（アウトドアガイド）
チャンドマニ 7/31（日）	ホーミーの源流を訪ねて	古木洋平さん（撮影監督）、三枝彩子さん（オルティンドー歌手）
二重被爆 8/13（土）	３．１１後の今、伝えたいこと〜それぞれのヒバクシャから若者たちへ〜	原爆で被爆された方 原発の被曝労働者
JAZZ爺MEN 9/3（土）	舞台挨拶＆ティーチイン	河原さぶさん（俳優）
JAZZ爺MEN 9/3（土）	河原さぶさんの俳優養成講座	河原さぶさん（俳優）
ソウル・キッチン 9/24（土）	ソウル・キッチンナイト	KAN Mass Choirのみなさん、田丸寛さん（ディレクター）
国際オーガニック映画祭 10/1（土）	本当に大丈夫？ 脱原発トークライブ	高橋素晴さん ほか
国際オーガニック映画祭 10/1（土）	みんなで餅つき交流会	鹿児島県有機農業協会の皆さん 姶良有機部会
セヴァンの地球のなおし方 10/2（日）	セヴァン・デー「今のセヴァン、そして3.11 Fukushima3.11 フクシマ 未来につなげる暮らしと仕事」	セヴァン鈴木さん（メッセージ）、藤岡亜美さん（スローウォーターカフェ代表）
流れる雲よ 11/5（土）	上映前舞台挨拶	東武士さん（俳優）、奈美木映里さん（脚本家）
よみがえる琉球芸能 江戸上り 11/13（日）	上映記念「薩摩と江戸上り」 トークショー	小川学夫さん （元鹿児島純心短期大学教授）
死なない子供、荒川修作 11/19（土）	まちなかのケンチク	根本修平さん（第一工業大学講師）、小山雄資さん（鹿児島大学助教）、西岡誠さん（鹿児島大学大学院生）、市村良平さん（マルヤガーデンズ）

作品名・開催日	イベント名	ゲスト
ちいさな哲学者たち 12/10（土）	トークセッション 「子どもたちと哲学と」	鹿児島子ども劇場のみなさん
ちいさな哲学者たち 12/11（日）	シネマ哲学カフェ 「『ちいさな哲学者たち』を観て」	鹿児島哲学カフェのみなさん
ヒロシマ・ナガサキダウンロード 1/14（土）	舞台挨拶	竹田信平監督
ヒロシマ・ナガサキダウンロード 1/14（土）	インスタレーション「ヒロシマ・ナガサキ　ダウンロードα崩壊シリーズ #4」	竹田信平監督
アンダーグラウンド 1/22（日）	革命音楽映画祭	DJ JINMAN、薩摩唐芋楽団 BLOODY、recife house band、madoka、木下賢也さん
アンダーグラウンド 1/27（土）	坂口修一郎さん来鹿！ 予告編上映とトークセッション	坂口修一郎さん（DOUBLE FAMOUS）
アンダーグラウンド 1/29（日）	上映前挨拶	坂口修一郎さん（DOUBLE FAMOUS）
ショージとタカオ 2/11(土)	舞台挨拶	井出洋子監督
ひなぎく 3/3（土）	ガールズシネマフェスティバル　ファッション・ショー	協力：カリテ・キュテラ
ひなぎく 3/3（土）	ガールズシネマフェスティバル　スイーツ・プチパーティー	協力：ヤナギムラ、スイーツたかもり、ビアードパパ、エイブル・デリ
兵隊さん　3/10（土）	大人のための歴史講座	竹田仰さん（九州大学大学院教授）、有松しづよさん（志学館大学講師）
エンディングノート 3/17（土）	トークセッション 「自分らしく死ぬということ」	大迫浩子さん（鹿児島市立病院看護師）、穂森幸一さん（カナルファ）、潤ひとみさん
アンダンテ〜稲の旋律〜　3/18（日）	映画「アンダンテ〜稲の旋律〜」を鑑賞して語る会	梶原末廣さん 小川内利浩さん
エンディングノート 3/24（土）	哲学カフェ「エンディングノート」	鹿児島哲学カフェのみなさん
大津波のあとに／ 槌音　4/7（土）	舞台挨拶＆ティーチイン	森元修一監督
カリーナの林檎 4/21（土）	舞台挨拶＆ティーチイン	今関あきよし監督
4/29（日）	２周年記念トークイベント 特別講演＆フリートーク 「寺脇研、映画を語る」	寺脇研さん（映画評論家）

2012年度　作品・イベントリスト（5月～4月）

作品名・開催日	イベント名	ゲスト
フラメンコ・フラメンコ　5/12（土）	Pena Flamenca フラメンコ&バルの宴	豊丸安美さん、Ninas Duendes（ニーニャス・デュエンデス）のみなさん
天国の日々／野性の少年／クレイマー、クレイマー／海辺のポーリーヌ 5/13（日）	gardens' cinema presents 目からウロコの映画講座 えいがの時間～名作をもっと楽しもう！～1 「映画はキャメラマンで見る ネストール・アルメンドロス」	しばたけんじさん （鹿児島大学准教授）
ミラノ、愛に生きる 5/19（土）	本格イタリアンランチで映画を楽しむ	イルチプレッソ（古畑圭一郎さん、好恵さん）
ポエトリー　アグネスの詩　5/20（日）	水に眠る ～映画『ポエトリー アグネスの詩』に捧げる詩～	鹿児島純心女子高校放送部の みなさん
エル・ブリの秘密 世界一予約のとれないレストラン 5/27（日）	「エル・ブリ」から見えるボクの料理観	宮元伸一郎さん（オトヌ総料理長）
エル・ブリの秘密 世界一予約のとれないレストラン 6/2(土)	オトヌ　スペシャルランチツアー	宮本伸一郎さん（オトヌ総料理長）
駅馬車／肉体の冠／許されざる者／赤線地帯　6/10（日）	gardens' cinema presents 目からウロコの映画講座 えいがの時間～名作をもっと楽しもう！～2 「娼婦たちの映画史ジョン・フォード×ジャック・ベッケル」	しばたけんじさん （鹿児島大学准教授）
11.25 自決の日　三島由紀夫と若者たち 6/16（土）	文学シネマんだん 「早わかり三島由紀夫文学講座」	小林潤司さん（鹿児島国際大学教授）、みたけきみこさん（文学サロン月の舟学長）
台北カフェ・ストーリー／父の初七日 6/23（土）	台湾ー鹿児島直行便就航 第1回台湾映画祭記念イベント 「台湾、行かなきゃ！」	山田賢一さん、平田琴恵さん、 廖珮君さん（蓬莱会）、龍玉女さん（若石鹿児島健康センター）、 藍朝榕さん（チャイナエアライン） ほか
マイティ・ウクレレ 7/8（日）	ウクレレワークショップ	ウクレレ食堂オーケストラのみなさん
アリスの恋／パリ、テキサス／センチメンタル・アドベチャー／がんばれ！ベアーズ特訓中／ストレンジャー・ザン・パラダイス　7/8(日)	gardens' cinema presents 目からウロコの映画講座 えいがの時間～名作をもっと楽しもう！～3 「ロードムービーで行きましょう　マーティン・スコセッシ×ヴィム・ヴェンダース」	しばたけんじさん （鹿児島大学准教授）

作品名・開催日	イベント名	ゲスト
がんばっぺ、フラガール！／マイティ・ウクレレ　7/22（日）	公開記念フクシマチャリティー・ライブ「Be!　ALOHA　Kagoshima」	ウクレレ食堂オーケストラ、ウクレレぢぢぃ、Hau ʻoliʼs マサコ アケタフラスタジオ、Nehenehe roa mata Tahitian Dance Studio のみなさん
ピナ・バウシュ 夢の教室　7/28（土）	コンテンポラリーダンスの夢の教室へようこそ！	バレエスタジオ 22 のみなさん
SR サイタマノラッパー 7/29（日）	NEW HIP HOP LIVE & TALK in Maruya	New HIP HOP を創る会のみなさん
friends after 3.11 8/4（土）	平和を祈る映画特集記念トーク「映画は未来を開く窓」	山本太郎さん、奥村美枝さん、高橋眞理さん、原田一世さん、小川みさ子さん
祇園の姉妹／浪華悲歌／女と男のいる舗道／男性・女性 8/5（日）	gardens' cinema presents 目からウロコの映画講座 えいがの時間 ～名作をもっと楽しもう！～4「映画における身体と声　溝口健二 × ジャン＝リュック・ゴダール　」	しばたけんじさん（鹿児島大学准教授）
SR3 サイタマノラッパー　9/8（土）	SR3 ライブ　サイタマノラッパー × サツマノラッパー × 薩摩剣士隼人 GA★ラッパー	GA★ラッパー、薩摩剣士隼人、コンコン、プリモゼ、NO.A、酔虎、Mellow―D、Zg―low、OSO、FUJI―S のみなさん
間違えられた男／怒りの葡萄／十二人の怒れる男／ワーロック 9/9（日）	gardens' cinema presents 目からウロコの映画講座 えいがの時間 ～名作をもっと楽しもう！～5「映画はやっぱり役者で見る ヘンリー・フォンダ」	しばたけんじさん（鹿児島大学准教授）
国際オーガニック映画祭　9/29（土）	国際オーガニック映画祭 トークセッション『小さな町の大きな挑戦』	亀甲俊博さん（川辺町）、野村秀洋さん、山縣由美子さん（放送キャスター）
9/29（土）	シンケンスタイル　住まい方について	茅野武史さん（シンケン）
種まく旅人～みのりの茶～　9/30（日）	国際オーガニック映画祭「鹿児島の有機茶を味わおう！」	西本國昭さん、川野博志さん、濱田勇さん
ミツバチからのメッセージ　9/30（日）	国際オーガニック映画祭「養蜂から見えること」	高野裕志さん、市村良平さん（天文館みつばちプロジェクト）
刑事ベラミー／ある秘密／三重スパイ 11/4（日）	えいがの時間 ～フランス映画未公開傑作選を観る前に	しばたけんじさん（鹿児島大学准教授）、阪本佳代さん（鹿児島純心女子高校教諭）、大薗博隆さん（ブラッスリー・ヴァンダンジュ）
12/2（日）	ワークショップ クリスマスオーナメントづくり	藤元千恵さん（会員）
夏の祈り 12/8（土）	舞台挨拶	坂口香津美監督 鹿児島純心女子中学校のみなさん

作品名・開催日	イベント名	ゲスト
ニッポンの嘘 12/10（月）	『ニッポンの嘘』を観て語る	木村朗さん（鹿児島大学教授）
世界のアニメーション　12/15（土）	絵本屋さんのプレゼント「えいごの絵本から学ぶ、子育て英語」	田中愛さん（バイオリニスト）
世界のアニメーション　12/15（土）	絵が動く！　アニメーションのはじまり	鹿児島コミュニティシネマスタッフ
世界のアニメーション　12/15（土）	ダンボールハウスで「つみきのいえ」をつくろう！	早川由美子さん（NPO 法人 PandA）
女たちの都 1/6（日）	舞台挨拶	祷映監督
アナザー・カントリー／眺めのいい部屋／ジェラール・フィリップ映画祭　2/11（月）	トークセッション「眺めのいい映画たち～英国・欧州貴公子をたしなむ～」	本坊弓子さん（南日本新聞社文化部）、地神大介さん（宮崎南高校教諭）、廣尾理世子さん（鹿児島純心女子高校教諭）
3/3（日）	デジタル化のためのガーデンズシネマ・チャリティーバザー&オークション	
3/15（金）	ガハハおばさんのお話し会「どっこい生きてる」 VOL.1	上薗登志子さん（元随筆かごしま代表）、藤かをりさん（工房風吹布）
歌えマチグヮー 3/24（日）	『歌えマチグヮー』を語る会	永山由高さん（Ten-lab）ほか
千年の愉楽 3/31（日）	中上健次、『千年の愉楽』とドイツ	竹内宏さん（鹿児島大学教授）

おそれいりますが切手をおはりください。

〒892-0875

鹿児島県鹿児島市
川上町819

燦燦舎
編集部 行

ふりがな
お名前

〒
ご住所

tel

新刊のご案内などをご希望の方はお書きください。
E-mail

ご職業 | 男・女 | 歳

ご記入いただいた個人情報は新刊のご案内や、今後の企画の参考として以外は使用しません。

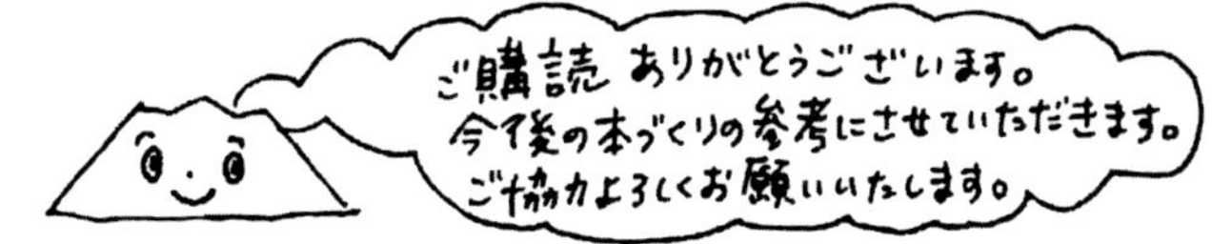

本の名前

ご購入書店名

この本を何でお知りになりましたか？

この本についてのご意見ご感想、今後読んでみたい企画やテーマなどありましたらお聞かせください。

ご注文書

本状でご注文くださいますと、郵便振替用紙とご注文書籍をお送りします。（送料無料）

書名	冊

★ご感想を匿名で当社のホームページやチラシなどに掲載させていただくことがあります。ご了承ください。

★ホームページ san-san-sha.com でも本の注文やご意見・ご感想を承っております。

2013年度　作品・イベントリスト（5月～4月）

作品名・開催日	イベント名	ゲスト
100万回生きたねこ 4/6（土）	『100万回生きたねこ』に学ぶ愛の真実	奥村和滋さん（鹿児島純心女子短期大学教授）
塀の中のジュリアス・シーザー　4/13（土）	もっと知りたい「ジュリアス・シーザー」	小林潤司さん（鹿児島国際大学教授）、中谷彩一郎さん（鹿児島県立短期大学准教授）、みたけきみこさん（文学サロン月の舟学長）
丹下左膳餘話百萬両の壺　4/27（土）	おはら節の喜代三と山中映画の魅力	小野公宇一さん（会員）、東川隆太郎さん（かごしま探検の会）
鴛鴦歌合戦 4/28（日）	オペレッタのあれこれ	齊藤玲子さん（鹿児島大学非常勤講師）、齊藤祐さん（鹿児島大学教授）
5/3（金）～6（月）	デジタル化のためのガーデンズシネマ・チャリティーバザー in ソラニワマルシェ	
戦争と一人の女 6/15(土)	舞台挨拶	寺脇研さん
さすらいのジャンゴほか 6/16（土）	さすらいの上映会	並河信也さん（監督）
6/23（日）	gardens' cinema presents 目からウロコの映画講座 えいがの時間 ～ロードムービー全集　ヨーロッパ編～	しばたけんじさん（鹿児島大学准教授）
ある海辺の詩人 6/29（土）	ヴェネツィアにまつわるあれこれ	藤内哲也さん（鹿児島大学准教授）
7/13（土）	ジェダイ・ナイト　鹿児島で『スター・ウォーズ』を楽しむ	大寺聡さん（イラストレーター）、東川隆太郎さん
NOT LONG, AT NIGHT ー夜はながくない ー7/6（土）～12（金）	「夜はながくない」展	遠山昇司監督、玉井夕海さん（俳優）
ブルーノのしあわせガイド 7/20（土）	映画を観てしあわせなローマランチを食べよう！	協力：イルチプレッソ
7/27（土）	チャリティコンサート「シネマとオペラ」	齊藤祐さん(鹿児島大学教授)、齊藤玲子さん（鹿児島大学非常勤講師）
上を向いて歩こう 8/10（土）	伊地智啓プロデューサートーク	伊地智啓さん
国際オーガニック映画祭8/23（金）～25（日）	オーガニックマルシェ 有機100円茶屋 種取りワークショップ	西本国昭さん、川野博志さん、かえるすたいるYamada野菜
9/8（日）	講演会「シネマ・スタディーズの冒険～120年の映画史からみる現代映画の愉しみ～」	加藤幹郎さん（京都大学教授）

作品名・開催日	イベント名	ゲスト
私が靴を愛するワケ 9/21（土）	ファッションショー 主催：マルヤガーデンズ	藤崎コウイチさん（ファッションプランナー）
天のしずく 辰巳芳子 “いのちのスープ” 9/29（日）	公開記念トーク「食は命なり 辰巳芳子と辻嘉 ～茶懐石料理に学ぶこれからの食～」	福司山エツ子さん（鹿児島女子短期大学名誉教授）
あの頃、君を追いかけた 10/6（日）	台湾を楽しむ一日　映画から見る台湾 ーあの頃、君を追いかけたー	李至専さん、鄭景元さん、台湾蓬来会のみなさん
10/6（日）	台湾を楽しむ一日　台湾家庭料理教室	平田琴恵さん（台湾蓬莱会）ほか
スタンリーのお弁当箱 10/12（土）	インドのランチを知る ～チキンカレー～	マリア・ゼフィールさん（鹿児島大学留学生）
台湾アイデンティティー 10/20（日）	『台湾アイデンティティー』を観て歴史を語ろう	染川周郎さん（鹿児島西ロータリークラブ）、岩城辰雄さん
パリの恋人 10/25（金）	スクリーン・ビューティーズ vol.1 オードリー・ヘップバーン上映記念「オードリーに学ぶモードの法則」	藤崎コウイチさん（ファッションプランナー）
祭爆 11/4（月）	舞台挨拶	富沢満監督
カサリンチュの軌跡 11/29（金）	ドキュメンタリー上映会＆生トークライブ	カサリンチュ
ローラ／二頭女ー影の映画 12/6（金）	寺山修司没後30周年「美輪明宏ドキュメンタリー」公開記念 寺山修司短編上映会＆トーク	寺山偏陸さん、堂園晴彦さん（堂園メディカルハウス院長）
12/7（土）	伊地智啓シネマトーク「プロデューサーの仕事」	伊地智啓さん
楽園からの旅人 12/13（金）	シネマサロン「楽園からの旅人」	鈴木康由神父
クレイジーホース・パリ 12/14（土）	映画『クレイジーホース・パリ 夜の宝石たち』＆朗読劇 Madame Edwarda	藤崎コウイチさん、池田昭代さん、スタジオペケペケさん
クレイジーホース・パリ 12/20（金）	公開記念ワイン講座「華やかなシャンパーニュの世界へ」	大薗博隆さん（ブラッスリー ヴァンダンジュ）
アンコール！！ 12/21（土）	ミニ・ライブキャンドルナイトに歌おう!!	レイール・ノーツのみなさん
六月燈の三姉妹 1/17（金）	映画鑑賞＆西田聖志郎さんとランチ会	西田聖志郎さん（俳優）
ハンナ・アーレント 2/15（土）	公開記念トーク「アーレントに学ぶ悪の本質」	奥村和滋さん（鹿児島純心女子短期大学教授）

作品名・開催日	イベント名	ゲスト
スクリーン・ビューティーズ vol.2 カトリーヌ・ドヌーヴ 2/22（日）	公開記念 ワイン講座「ボルドーワインのエレガントな世界」	大薗博隆さん（ブラッスリー ヴァンダンジュ）
ペコロスの母に会いに行く 3/2（日）	伊地智啓さんランチ会	伊地智啓さん
スクリーン・ビューティーズ vol.2 カトリーヌ・ドヌーヴ 3/13（木）	ドヌーヴに学ぶ恋愛術	高橋リエさん（アンティーヌ / カラーイメージコンサルタント）
3/23（日）	こども映画祭 in Kagoshima	いぶすき子ども映画祭入選のみなさん、鹿児島純心女子高校、鹿児島中央高校ほかのみなさん
楽隊のうさぎ 3/23（日）	演奏付上映　サクソフォンアンサンブル「鳥の歌」（カザルス）	鹿児島純心女子高校吹奏楽部のみなさん
わたしはロランス 3/29（土）	哲学カフェ「愛について」	鹿児島哲学カフェのみなさん
隣る人 4/5（土）	公開記念トーク「つながりの中で ～『光の子どもの家』の取り組み ～」	刀川和也監督、稲塚由美子さん、菅原哲男理事長（光の子どもの家）、上原康祐さん（愛の聖母園）
世界一美しい本を作る男～シュタイデルとの旅～4/6（土）	装丁から楽しむ	馬頭洋子さん（装丁家）
世界一美しい本を作る男～シュタイデルとの旅～4/13（日）	公開記念トーク「本を作るということ ～装丁とは何か～」（主催：アルモニ）	宮川和夫さん（装丁家）
ベニシアさんの四季の庭　4/19（土）	公開記念講座「もっとハーブを楽しもう！」	落合悟さん（生活再生工房やどや）
4/28（月）	4周年感謝のシネマパーティー シークレット上映＆トーク＆ライブ	玉井夕海さん

2014年度　作品・イベントリスト（5月～4月）

作品名・開催日	イベント名	ゲスト
スクリーン・ビューティーズ vol.3『ヒッチコックとブロンド・ビューティー』 5/10（土）	グレース・ケリーとヒッチコック、ときどきキム・ノヴァク	下村史秋さん（映画案内人）
はじまりは5つ星ホテルから 5/13（火）	オトナノカタリバ in ガーデンズシネマ	かごしまデザイン協会のみなさん
標的の村 5/17（土）	舞台挨拶	三上智恵監督
バチカンで逢いましょう 5/20（火）	トーク付き上映「外国人から見たイタリア男の魅力」	古畑好恵さん（イルチプレッソ）
ある精肉店のはなし 5/24（土）	舞台挨拶	纐纈あや監督
バチカンで逢いましょう 6/8（日）	公開記念「ドイツのデザート、カイザーシュマーレンを味わおう！」	阪本佳代さん（鹿児島純心女子高校教諭）
父は家元 6/21（土）	公開記念「お茶の世界を楽しもう」茶道宗徧流鹿児島支部審心会 初夏のお茶席	茶道宗徧流鹿児島支部審心会のみなさん
フォンターナ広場 6/29（日）	ミラノのランチを楽しもう	協力：イルチプレッソ
7/5（土）	アナログ倶楽部　ランチ会	
ボブ・マーリー ルーツ・オブ・レジェンド 7/20（日）	藤川毅さんと一緒に『ボブ・マーリー ルーツ・オブ・レジェンド』を観よう！	藤川毅さん（字幕監修者）
レオニー 7/26（土）	舞台挨拶＆マルヤガーデンズアカデミー講演会	松井久子監督
ハンナ・アーレント 7/27（日）	アンコール上映記念トーク「ハンナ・アーレントを語る」	奥村和滋さん（鹿児島純心女子短期大学教授）、有馬実世さん（鹿児島純心女子中・高等学校教諭）、三嶽豊さん（かごしま文化研究所理事長）
許されざる者 8/22（土）	ムービープラス1『許されざる者』トーク付き上映	李相日監督、伊地知啓さん（プロデューサー）
スチューデント・オブ・ザ・イヤー 8/23（土）、8/24（日） 8/29（金）	『スチューデント・オブ・ザ・イヤー』マサラ上映のためのダンスレッスン＆マサラ上映	madoka さん（ダンサー・インストラクター）

作品名・開催日	イベント名	ゲスト
国際オーガニック映画祭 9/13（土）	オーガニック和カフェ	
国際オーガニック映画祭 9/14（日）	種取りワークショップ	かえるすたいる Yamada 野菜
ベニシアさんの四季の庭 9/20（土）	アンコール上映記念トーク「美容とハーブ」	ヒラノマリナさん（メークアップアーティスト）、川畑真希子さん（セラピスト・ハーバリスト）
ジプシー・フラメンコ 9/27（土）	公開記念 フラメンコライブと解説付き上映	豊丸安美さん、Demi Niñas Duendes（デミ・ニーニャス・デュエンデス）のみなさん
ドストエフスキーと愛に生きる 10/4（土）	公開記念トーク「ウクライナとロシア文学」	ユリア・ホリゾエさん（鹿児島純心女子中学高等学校英語講師）
人生はマラソンだ！ 10/8（水）	トーク付き上映	青野迦葉さん（俳人、俳誌「草の花」主宰師）
神宮希林 わたしの神様 10/11（土）	トーク付き上映	安達香織さん（会員）
まちや紳士録 11/19（日）	舞台挨拶	伊藤有紀監督
女優時代 11/1（土）	トーク付上映	大森一樹監督
11/8（土）	アナログ倶楽部 ランチ会	
GF*BF、光にふれる、セデック・バレの真実 11/8（土）	第3回台湾映画祭イベント「おいしい台湾の魅力」	台湾蓬莱会のみなさん
ホドロフスキーの DUNE 11/13（木）	イラストレーター・大寺聡さんと一緒に『ホドロフスキーの DUNE』を観よう！	大寺聡さん（イラストレーター）
ピーター・ブルックの世界一受けたいお稽古 11/30（日）	公開記念トーク「ピーター・ブルックの演出法」	嶋田直哉さん（志學館大学人間関係学部准教授）
パーマネント野ばら 12/14（日）	ムービープラス1 『パーマネント野ばら』トーク付き上映	奥寺佐渡子さん（脚本家）伊地智啓さん
アルゲリッチ 私こそ、音楽！ 12/23（火）	公開記念トーク「ホンモノを語ろう！」	吉田美佐子さん（アルモニオーナー）、原田真紀さん（ママとこどものアートじかんプロジェクト代表）
駅馬車 1/3（土）	トーク付上映	前田耕二さん
駅馬車 1/11（日）	ジョン・フォード生誕120年！記念トーク 「駅馬車の魅力」	下村史秋さん（映画案内人）

作品名・開催日	イベント名	ゲスト
駅馬車／静かなる男 1/24（土）	ジョン・フォード生誕 120 年！ 記念トーク 「ジョン・フォード入門」	中路武士さん （鹿児島大学准教授）
アンナプルナ南壁 7,400m の男たち 1/24（土）	トーク付上映 「ヒマラヤに魅せられて」	古木圭介さん （霧島国際音楽祭鹿児島友の会会長）
サン・オブ・ゴッド 2/1（日）	公開記念トーク「50 分でわかった気になるキリストの生涯」	廣尾理世子さん、阪本佳代さん （鹿児島純心女子中・高等学校教諭）
永遠の僕たち 2/14（土）	バレンタイン上映記念 「映画でお茶を！」	
365 日のシンプルライフ 2/21（土）	公開記念セミナー 「あなたらしいシンプルライフの見つけ方」	遠矢菜織さん （フタリノデザインオフィス代表）
365 日のシンプルライフ 2/21（土）	公開記念セミナー 「みんなで探そう！ 幸せなライフスタイル」	前田真理さん（暮らし学舎。代表）
シンプル・シモン 3/7（土）	公開記念 トークセッション 「ぼくの世界　きみの世界 ～『シンプル・シモン』から見えること～」	松本みどりさん（臨床発達心理士） 白澤珠理さん（精神保健福祉士） 郡山恵理子さん（精神保健福祉士） 菊永美樹さん（小学校教員） 福山章さん（理学療法士）
世界一美しい ボルドーの秘密 3/14（土）	公開記念 ワイン講座 「世界を魅了するボルドーワイン」	大薗博隆さん （ブラッスリー ヴァンダンジュ）
うまれる ずっと、いっしょ。 3/29（日）	上映記念ワークショップ 「家族ってなぁに？　～わたしの家族色～」	NPO 法人 Re ばーすのみなさん
ジミーとジョルジュ 心の欠片を探して 4/18（土）	5 周年記念　トーク付上映	襟川クロさん （映画パーソナリティー）
千年の一滴 だし しょうゆ 4/25（土）	公開記念トーク	柴田昌平監督、今給黎秀作さん（本枯節製造）、沢畑亨さん（棚田食育士家元・愛林館館長）

ガーデンズシネマ10（テン）！

この10人なしにガーデンズシネマなし。名付けて「ガーデンズシネマ10」！
陰に日向に支えてくれるみなさまをご紹介。編集部より、胸いっぱいの愛を込めて！
（本当は書ききれないほどいらっしゃいますが、紙幅の都合あり、どうぞご勘弁！）

1 **O博士**こと小野公宇一さん。映画検定1級の博学者。『映画狂シネマ道中記』を執筆・出版。現在第2作目にトライ中。乞うご期待。大森一樹監督や吉田大八監督との親交も厚い人物。

2 **映画渡世人K氏**こと上屋功一さん。空気を吸うがごとく映画を観る人、鹿児島No.1映画に時と食を費やす無類の映画愛好家。ガーデンズシネマにイベントあらば、風のように現れて風のように去っていく。映画愛にあふれたその体で。

3 **比類なき映画導師のS師**こと、下村史秋さん。黒沢映画を語らせれば、この師の右に出る者なし。第13回春日井市掌編自分史全国公募「シネマの時間」に著作の『二人の明』が掲載（ガーデンズシネマに展示中）！　ゆるぎなき映画芸術への献身からの視点は 玄人筋もうならせるハイ・レベル。

4 **プロフェッサーN**こと中路武士さん。若いにもかかわらず、その映画知識山のごとし。行動力じゃ疾風のごとく。自転車で鹿児島市内を巡る。リアルタイムで観ていない映画も全て網羅。歩く映画ウィキペディア化しながらも、高く熱い映像・映画への理想に燃える研究者である。

5 **必殺映画仕掛人A**こと有川奈々絵さん。鹿児島で撮影される映画・ドラマのロケ地を探し、定める。勇気リンリン、進むぞ映画道。映画『六月燈の三姉妹』も『2つ目の窓』も、土曜ワイド劇場『温泉マル秘大作戦』もNHK『精霊の守り人』も支援。鹿児島でロケするなら彼女にまかせろ！な人物。

6 **電脳ブレインM氏**こと森田一史さん。ガーデンズシネマ随一の電脳系。その検索作業の巧みさ、素早さは天下無双。故についたアダ名は「M田ケンサク」！ガーデンズシネマの参謀役として大活躍。多方面の文化活動へのアプローチから、ガーデンズシネマネットワークを拡大していく牽引役も担っている。

7 **カウンターを護る小町娘A女**こと鮎川章子さん。いつも変わらぬスマイルで訪れるゲストを和ませる彼女。ガーデンズシネマのほんわか空気を演出しているのは彼女。これからもガーデンズシネマを守護女神として支えてくれるはず。

8 **コミシネ円卓の騎士 N**こと野口英一郎さん。小学生の頃から「映画の森」を放浪する。コミシネ創成期からのメンバー。惚れ込み続けた映画『アンダーグラウンド』をガーデンズシネマで上映。タイアップイベントでの「太鼓伝説」も懐かしい。

9 **シネマのモモ F**こと藤元千恵さん。ガーデンズシネマ誕生前夜。自主上映会でのフレンチエスプリの効いた会場設営は、永遠の記憶。シネマを法人化する折のノウハウの伝授、HP更新、経営の骨格を設えたガーデンズシネマ随一のクリエイター。

10 **シネマヨーダ I氏**こと岩田壽秋さん。THE・功労者との噂の高いI氏。天文館でシンポジウムを開いたその日から、不変・不動・音無の構えでガーデンズシネマの歴史を見守り続けている。I氏の木漏れ日のごときまなざしはシネマの御守りである。

我らガーデンズシネマ部！

いつもマルヤの７階で、映画を観て、集まってわいわいと。そんな放課後みたいなノリでできたのが、「ガーデンズシネマ部」！ ほんとにただ映画が、ガーデンズシネマが大好きなだけの私たち。その愛は止まることを知らず、ついに本まで作ってしまいました！ この本を手にした全てのみなさまに、ガーデンズシネマ部の映画愛が届きましたら幸いです。と、いうことで、ガーデンズシネマ部員からのひと言をどうぞご覧ください。

クマスケ ……ニックネーム
Kagocine 君作っています。……一言プロフィール
毎回、楽しみに、部活しています。……感想・コメント

うっさん
生涯、発展途上の自由人です（これからも？）。
物づくりに興味をもって入部、熱意のある皆様にひっぱられて現在に至っています。

もりた
映画好きな訓練生。インド映画で踊り、ミュージカル映画で歌い、おバカ映画で大笑いしてます！
映画好き、ガーデンズシネマファン、おもしろいもの好きの面々と部活できて楽しかったです！

カンウ
映画好きをうならせる映画館を発見！し、常連に。
とっても刺激的でした！第二弾はあるか！？

にしたる
映画と音楽、そして楽しい事が好きな日曜パティシエ（笑）。
「本作り」という初めて体験する作業はとても楽しかったです。

妙さん
さすらう「公（こう）んちゅ」になっちまった。
ガーデンズシネマで広がった「友だちの輪」パワーはハンパないよ。たった３カ月が 30 年を凌駕したよ。楽しい！！

もとこ
イギリスとクラシック音楽が大好き♡
出会いは勘違いからの部活！今では心の拠り所です！

もっち
映画で文化、歴史を楽しむ女性教師（うふっ）。
喜怒哀楽のジェットコースターでした！！ もちろん最後は喜！！

本書編集部
編集長：奥村
広報：森田
コラージュ：松本
データ整理：西垂水
編集：梅田、内田、上屋（部長）、北原、熊迫、阪本、篠原、寶田、中村（と）、中村（げ）、野村、松尾、吉田、和田（ひ）、和田（ま）、トラさん、黒岩

MIDORI

Kagoshima に引越してきた翌年にガーデンズシネマOPEN。救われた一人です。

楽しい時間をありがとうございました！

戯言（ギゲン）

「シネマ・カフェ」に集まれば映画の話ができるということに魅力を感じて、参加しています。

本を作るメンバーに加わることができて嬉しく思っています。

中村玄介＝げんさん

『007 ゴールドフィンガー』で映画に覚醒。淀川先生を師とし独学で映画学習。

情報豊富、感受性豊富、人生経験豊富、職域豊富の集合体の部活の気楽さよ。ALL 黒岩ファンのチームワーク。

MAYU

かな～りマイナーであっても話題の映画をあきらめなくていい！　鹿児島にはガーデンズシネマがあるんだから！

これからも期待しています！

たま

数年前ガーデンズのカウンターでモギリをやってました。（ちょこっと）。

映画好きの皆さんが安心して無邪気でいられる場所がガーデンズシネマ。その公式本が皆の情熱で作られた！　少しだけでもご一緒できて幸せです。

のむさん

面白そうなことを見つけて飛びこんでみるのが趣味。

2016 年 1 月 (記録的大雪の前日) から参加しました。突然入ったにもかかわらず、温かく迎えて頂きました。また月一くらいでワイワイガヤガヤしつづけたいです！これからも。

のほほん

鹿児島を文化果てる地から文化始まる地にしたい。

部活で本ができちゃったぜ。

ここに載ってない部員のみなさん

ザンパーノ、アルモニ、トラ、Wada.H、ササニシキ、クロ

いつもみんなで映画をみて

「人をつなぐ、感動の輪を広げる」
映画館たらんことを。
このガーデンズシネマのスピリッツを
高く掲げて
私達ガーデンズシネマ部は今日も
ガーデンズシネマで
映画をみる…

gardens' Cinema

ガーデンズシネマ

2010 年、鹿児島市の商業施設「マルヤガーデンズ」の 7 階にオープンしたミニシアター。席数は DCP を導入している映画館では日本最小の 39 席。「映画を観て語る、人をつなぐ、感動の輪を広げる」をテーマに会員有志で映画を選定して、これまで 600 作品以上を上映。運営は一般社団法人鹿児島コミュニティシネマ。

〒892-0826　鹿児島市呉服町 6-5 7F　TEL・FAX：099-222-8746

e-mail：info@kagocine.net　URL：www.kagocine.net

Special Thanks　＊敬称略・順不同

濱崎裕二、岩元陽亮、内村浩和、藤崎優祐、下田卓弥、吉田めぐみ、鈴木あづみ、吉松愛子、皆倉正、渡口良美、山下憲一郎、斉藤悦則、重田枝律歌、豊山博久、中馬秀治、上野英二、古藤加奈、江崎正一、里秀一郎、木原智子、米北由紀、折田侑駿、森ひろみ、岩元三津子、池畑典子、山下真里枝、竹下さおり、安達香織、高野和子、山口英晃、奥山健司、下高原研二、森田みあき、高山直子、坂元恵、増満るみ、増田直美、重富あずさ、篠原玉朱、平田理恵、浜田倫子、中村美紀、高橋眞理、平元裕美、前田さつき、吉崎さつき、柴立あや、高田直子、椎木麻衣子、長井梨乃、山下朋美、蕨野進、濱里香織、菊浦みち子、南明子、白澤直子、下本地矩仁子、伊藤香子、加治屋純一、山口ディーナ、日高裕之、西真由美、米盛健一、米満健太郎、酒匂珠美、川畑満知子、臼山綾香、納雪子、上吹越あき子、山下久美子、堀内良子、竹元彩、伊地知夏生、迫田寿子、園田美希子、園田菜緒子、蜷川洋子、竹元浩子、鎌田実千代、上田な桜、水元武雄、上久保諒、藤川聡子、村上宙也、畠中史子、若松愛子　and more !

39席の映画館　いつもみんなで映画（ゆめ）をみて

2016年4月28日　第1刷発行

編　者　ガーデンズシネマ部

発行者　鮫島亮二

発行所　燦燦舎

〒892-0875 鹿児島市川上町 819

電話　099-248-7496

振替口座　01740-8-139846

http://www.san-san-sha.com

info@san-san-sha.com

ブックデザイン　オーガニックデザイン

印刷・製本　株式会社朝日印刷

ISBN978-4-907597-02-3　C0074

定価はカバーに表示しています。

乱丁・落丁はお取り替えします。

燦燦舎の本の売上の一部は、福島県の子どもたちの健康を守る活動に使われます。